我、電子書籍の抵抗勢力たらんと欲す

中西秀彦

印刷学会出版部

はじめに

電子書籍という言葉を新聞紙上で見ない日がない。今まで何をやっても成功しなかった電子書籍が起ち上がりそうだ。長年コンテンツ提供をしぶっていた出版社もついに重い腰をあげた。いつかはこの日が来るとは思っていたが、こんなに突然に、こんなに劇的に来るとは思わなかった。今度は本物になるだろう。デジタルカメラ（デジカメ）もずっと成功しない商品だったが、いったん市場に受け入れられた後は一気呵成に普及した。今やフィルムカメラどころかフィルム自身も手に入らない。電子書籍も時期が早いか遅いかの違いはあるだろうが、デジカメと同じ道をたどるだろう。

実はこの日は、活字が消えたときから運命づけられていたように思うのだ。活字による活版印刷が終わったとき、実は紙の本も終わっていた。活版時代、原稿用紙に書かれた手書き原稿、鉛の活字の塊。これらはそのままでは情報として何の役にも立たなかった。一般読者にはそのままでは読めないからである。活字を拾って並べ、それを印刷して初めて「情報」としての意味を帯びた。ところが、ワープロやＤＴＰの画面は印刷への中間形態であるとはいうものの、画面の上で読もうとすれば読めてしまう。情報になりうるのである。情報媒体が紙である必然性がそのとき失われた。

そうした画面上の情報を書籍のかわりにしようとした最初の試みがCD-ROM書籍だったわけだが、これは普及する前に滅んでしまった。紙の本に比肩するメリットを提供できなかったからだ。

本とCD-ROM書籍は同じ欠点をもっていた。載っていない物は読めないという欠点だ。CD-ROM書籍も本も、新幹線の中で読んでいて、さらに詳しく知りたいことがあっても、載っている情報以上のことは調べられない。インターネット登場以前はこんなことは当たり前でそれが「本」というものだった。CD-ROM書籍では情報そのものの掲載量は増えた。しかし載っていない物はやはり載っていない。また更新されることもないので最新の情報でもない。

それが新幹線の中でさえ高速インターネットにつながり、ウィキペディアをはじめ、ありとあらゆる文献にアクセスできる時代になると、車内でも原稿が書けてしまう。今、まさにクラウドにアップロードしておいた前回著作の原稿を参照しながら新幹線の中でこれを書いている。何の不自由もない。

紙と鉛から解き放たれたとき、情報はインターネットのデータベースという新たな住処を発見した。情報にとってそちらの方が居心地がいいらしい。こう考えると電子書籍というものも単なる紙の本の代替物ではないことがよくわかる。ネットという新たな付加価値を得て、本とはまったく違った階梯へと進化したと考えるべきだろう。今、電子書籍は紙の本に近いことをことさら強調している。紙をめくるように画面が変化したり、本のような縦長画面をことのほか強調したりしている。放送初期のテレビ番組を見るとよくわかるのだが、それは既存のメディアである映画や演劇をまねしたものだった。やがてテレビ番組は独自の方法論や特性を発見し、それらを活かした進化を始めた。電子書籍だって同じこと。今でこそ、紙の本に近いことを売り物にしているが、そのうち電子書籍は電子書籍で独自のコンテンツを作りだし普及が加速するだろう。反対に、紙の本は消えていかざるをえない。

だが、本が消えるということはそんな簡単な話ではない。本には全国の書店、取次店、印刷会社、そして出版社に勤める人々の生活と人生がかかっている。我が家にしても印刷は一五〇年間続いた家業であり、紙の文化がほとんど我ら一族のDNAに組み込まれてしまっている。それがなくなることは一族のアイデンティティをなくすに等しい。

確かに本がすぐに消えることはないと言う人は多い。人によって一〇年とか二〇年、いや五〇年は保つという人もいる。永遠になくならないという人もいる。でもそれは産業としてなのだろうか。たとえば、今でも、活版印刷は生き残ってはいる。しかし、産業的な意義は失い、工芸品、あるいは趣味として生きているだけの話だ。同じように紙の本も一部愛好家の趣味として残るというのでは産業ではない。もちろん雇用も維持できない。

このままでは電子書籍の魅力を語れば語るほど、書店や印刷会社すべてが電子書籍への抵抗勢力となってしまう危うさを感じる。もちろん、私自身も含めてだ。あえて出版社とはいわない。彼らはコンテンツビジネスでしたたかに生き抜いていくだろう。

私は電子書籍の利点や有効性を露も疑ったことはない。むしろ電子書籍が失敗を続けていた頃からずっと関心をもって見守り続け、電子書籍に愛着を感じてさえいる。逆説的だが、愛情あればこそ現状の動きには警鐘を鳴らしたいのだ。抵抗勢力との闘争の中で電子書籍が出版や本もろとも滅んでしまうこと、これだけは避けたい。

本書は技術専門誌である『印刷雑誌』に掲載したコラムに加筆訂正し、最近の私のブログなどからも文章を収録したものである。電子書籍には直接関係ない印刷の業界関連の話題も多いが、インターネットの大波の到来で翻弄される「紙」を中心とした世界の動向がわかってもらえれば、著者、望外の幸福である。

二〇一〇年七月

目次

第三章　ネットに転ずる印刷業の行方

第四章　果てしなき情報の未来

装丁＝大貫伸樹

第一章　電子書籍狂騒曲

ダウンロードは文学を変える

私の本業は印刷屋である。最近、出版業界は不景気だといわれているが、その出版社からの発注で生きている印刷業者の実態はさらに惨憺《さんたん》たるものだ。電子化による印刷物の減少は一般の方が想像する以上に進んでいる。役所の報告書や学術雑誌といった領分では、インターネットに載せただけで、広報の意味は果たされたことになり、印刷がされなくなっている。印刷されるとしてもその部数は大きく減り、あくまでもインターネットでの公表が主で紙の印刷物は従といった例が増えている。国立国会図書館で二〇〇九年に行った「電子書籍の流通・利用・保存に関する調査研究」の報告書も印刷されたのは少部数で、必要な場合は国立国会図書館のサイトからダウンロードすることが前提となっていた。一般書籍はまだネットが主といえる状況にはないが、アマゾンキンドルや各種のスマートフォンの動向を見ていると、紙の本の余命が長くないことは明白だ。

問題なのは現在の書籍流通や印税のあり方が紙の本を前提としているにも関わらず、そのことを抜きにしてこの電子化が語られていることにある。コンテンツだけを電子的に流通すれば確かに無駄は少ない。この環境保護の時代にあっては店頭で売れないまま断裁処分される本があるということ自体が社会正義に反しているともいえる。しかし紙の本があればこそ、印刷があり、書店があり、著者への印税が還流していく。印刷会社と書店はもっとも影響を受けるだろう。一〇〇％電子書籍の時代にあってはこの二つはまったく存在意義のないものとなってしまうからだ。印刷会社や書店にいた多くの文化の保存と発展に携わった人材は路頭に迷うことになる。それで文化の底辺は維持できるのだろうか。

印刷会社や書店は直接文化の創造に携わっているわけではないから、文化そのものへの影響は少ないかもしれない。著者や出版社はどうだろうか。電子書籍時代になっても著者への印税はダウンロードされた分だけ支払われる仕組みを作れば著者への影響は少ないといった議論も側聞する。出版社も編集力を活かして、紙という物理媒体から離れ、電子書籍のコンテンツプロバイダとして生き残れるともいわれる。しかし金銭の対価基準としてダウンロード数を対象とするとき、恐ろしい事実が印税の仕組みを根底から覆すだろう。

本は売れた物がかならずしもすべて読まれているのではない。読まれた数と売れた数はかならずしも一致しない。対して、読みもしないのにダウンロードする酔狂な人間はいまい。本は読まれなくても売れる。たとえば図書館。信用ある出版社の出版物ならば、一定量、図書館は買い上げる役割を担ってきた。地域図書館にも､学校図書館にも、かならず売れたはずだ。ベストセラーでなくても一定の量が売れるから出版社もそして著者も一定の収入を得ることができた。ダウンロードはこんな甘えの構造をふき飛ばす。一度もダウンロードされなければそれに対価は払われない。弱肉強食の文化。ある意味文化の規制緩和となるが、そこでは時間をかけて文化を育む余裕はない。

もう電子化は避けられない。全書籍電子化は国会図書館がやらなくてもグーグルがやるだろう。グーグルがやらなくても、就職口のない若者がベンチャー企業を立ち上げて、あらゆる法律をかいくぐってでも電子化を進めるだろう。原稿用紙に向かう作家はますます減り、ボーンデジタルの文学作品は生まれながらにしてネット空間を流れていく。そして、その文学作品はネット空間の中でダウンロード数を逐一把握され、マーケットセグメンテーションの対象となり、作家に情報として戻る。

ダウンロード書店から報告。「あなたの作品はどの性別のどの年齢層のどんな学歴の人間が好み、もっとダウンロードされるためには作品をどう変えればよいか」

文学の変容もまた避けられない。

アマゾンキンドル

アメリカ、アマゾンコムが二〇〇七年に発売した電子書籍端末。端末としてはそれほど革命的な機能をもっているわけではないが、コンテンツの販売システムが巧妙に作られていたため二〇〇八年頃からアメリカでブームを巻き起こす。本書執筆時点では日本語版の発売は未定だが、みなさんがこれを読む頃には日本でもあたりまえの商品になっているかもしれない。この解説自体間抜けなことになっているかな。

スマートフォン

インターネット接続機能をそなえた多機能携帯電話。通話より、情報端末として使われる場合が多く、もはや携帯電話というより、通話もできる超小型パソコンといった方がいい。アップルのiPhoneが有名。

電子書籍の時代に出版社は必要か

日本では電子書籍がかなり以前から研究され発売もされてきたのに、普及しなかったのは出版社が版面製作をやってこなかったからという指摘がある。アメリカの電子書籍ビジネスモデルでは、そのことが前提だが、日本ではもともと版面製作は印刷会社に任せっきりだった。いざ電子書籍ビジネスを立ち上げようとしても出版社単独ではなにもできず、結果として紙のビジネスモデルから脱却しようにもできなかったというものだ。

それではなぜ、日本では欧米のように出版社が版面製作のためのＤＴＰを行ったり、コンテンツの製作を行ってこなかったのか。

一つには、日本ではＩＴリテラシーに欠けた出版社が多いことだ。新興の出版社では自社でＤＴＰをすることで伸びたところもあるが、古くからある出版社はＩＴに強い人が極端に少ないか、主流を歩いていない。むしろ忌避する人の方が多い。コンピュータというと、人間の尊厳を冒す怪物のように思って、古臭いコンピュータ支配ディストピア論を展開する人すらいる。

パーソナルコンピュータはコンピュータディストピア論によく登場する中央集権コンピュータではない。それはむしろ、市民が生み出し、市民運動が育てた市民のための装置なのだ。ＤＴＰは高価な活字印刷を使わなくても本格的な印刷物を手に入れたいという市民の切実な願いから生まれた。だからこそ、アメリカの出版社はパーソナルコンピュータを違和感なくとり入れていったのだ。もちろん、タイプライター文化の伝統は大きかった。パソコン初期、アメリカの出版社でタイプライターを打てない人はまずいなかっただろう。この文化的伝統にディスプレイがつけ加わったとしても、それほど差を意識することはなかった。コンピュータだからと構えることなく、ワープロをそしてＤＴＰを使いこんでいった。

対して、日本では、手書きの原稿を印刷屋に入れて、活字になってから訂正の赤字を入れるという出版社の悪しき伝統があった。そうしないと手書き原稿では推敲すらできない。日本には英語圏のように気軽に使えるタイプライターなどないから、校正ゲラが出てからでないと文章の全体像がつかめなかったのだ。ゲラになってから文章に手を入れるという体制はワープロ時代になってもほとんど変わっていなかった。私事で恐縮だが、十数年前の私の処女作『活字が消えた日』は全文、パソコンのエディタで書き、できしだい電子メイルで送信していた。当時としては先端のＩＴ製作だったわけだ。ところが、このデータを元に印刷会社で版下が組み上がったあと、編集者が文章訂正をびっしり赤字で入れていく。それはそれはすさまじいものだった。私は印刷会社の経営をしていたから、あの赤字の入ったゲラを修正するオペレータのことを思うと胸が痛んだ。

この体制は結局、出版社の編集局と印刷会社の役割を峻別していった。編集局の仕事は企画を考え、原稿をとりたて、校正を行い、印刷会社はただただ言われる通りに作成するのみ。だから、出版社がDTPを担うというかたちにならなかった。

もちろん、技術的には欧米に比べて日本語組版の困難さということもあると思う。少し考えても、欧米組版のアルファベット二六文字、左横書きだけに比べ、日本語組版の漢字六千字、縦横書き混在とでは複雑さが比べものにならない。今、印刷業界では、文書のXMLデータ化は重要な仕事だが、欧米製のDTDでは、日本語を表記しようとするとたちまち行き詰まる。日本語を表記するにはかなり広汎なDTDの拡張が必要だろう。この日本語組版の特殊性が、出版社が組版に深入りできず、印刷会社の役割を分ける原因の一つになっていた。結論として、電子書籍にあたっても、出版社があの複雑な日本語組版を行うということにはならなかった。

ここに至って、「電子書籍に出版社は必要なのか」という問いを発せざるをえない。著者と電子書籍のベンダー、そして技術者としての印刷会社があれば電子書籍には十分なのではないだろうかという議論だ。実際に電子書籍製作を担っているのはその三者なのだ。

もちろん巷間言われているように、「編集」の役割は大きいと思う。著者の原稿を単に集めるだけでは書籍として成立しない。いわゆる「編集」を加えて、単なる原稿を商品価値のある書籍に変えなければならない。誤字を指摘し、レイアウトを考え、写真をはさみ、文章の矛盾や読者の視点を著者に伝える。書籍とは著者と編集の共同作業であって、決して著者だけが作っているのではない。こうした「編集」は著者の仲介も含めてしばらくは残ると考えた方が自然だ。

しかし、電子書籍の流通が本格的になってくれば、出版社を実際に支えている「営業」や「製作」といった部門は必要がなくなるか、今とはまるで違うものになる可能性がある。そうしたとき「編集」も今までと同じ役割がはたせるかどうか、私は疑問に思っている。日本の出版社の丁寧な「編集」は紙の本による流通、紙による付加価値という前提のもとに成り立っている。これが一切はぎ取られたとき、「編集」は経費面で維持できないだろう。当面、出版社の編集機能＋印刷会社というあり方でないと電子書籍化はおぼつかないのは確かだが、はたして、その次の段階になると「編集」そのものも生き残れない可能性がある。

人件費の塊である「編集」に金が捻出できなければ「編集」はただちに衰退する。電子書籍の場合、印刷代がいらないだけに出版リスクはきわめて少ない。失敗しても、返品の山が倉庫にあふれたり、売れなかった本の印刷代金請求書が来たりということはない。リスクが少ないから、何が何でも店頭で売れるように商品価値を高める「編集」の必要もなくなる。

出版社の機能が低下すればするほど、また「編集」が疲弊すればするほど、電子書籍製作は印刷会社中心へと移行していかざるをえないのではないか。逆に、そうはならじと、出版社がＥＰＵＢやＸＭＬに習熟して、印刷会社を廃業に追い込むということもありうる。印刷会社が編集機能をもって出版社を壊滅させるか。はたまた著者が自分でやるか……。

しかしこれもまた不毛だ。結局、出版社とアマゾンのような電子書籍ベンダーの主導権争いを矮小化しているだけだ。こんなことで三者消耗していたのでは巨大ベンダーの攻勢の前に共倒れする事態を招くだけだ。ここは手を結んだ方が得策に思えるが、如何。

XML

Extensible Markup Language（拡張可能なマーク付け言語、JIS X 4159:2002）は、「タグ」と呼ばれる特殊文字列でデータを記述するマークアップ言語を定義するためのメタ言語である。インターネットのホームページを記述したり、データベースを作ったり、応用範囲が広い。と言われても困ってしまうような説明ではあるなぁ。

DTD

Document Type Definition（文書型定義）とは、マークアップ言語 SGML および XML において、文書構造を定義するための言語の一つである。これもそれでどうしたという解説ではある。

EPUB

米国の電子書籍標準化団体の一つである International Digital Publishing Forum が普及につとめているオープンな電子書籍ファイルフォーマット規格。特定のハードに依存しないので、さまざまな電子書籍で利用が可能なため、使用が拡がっている。日本語拡張 EPUB も本書が出る頃にはできている「かも」しれない。

キンドル見参

話題のアマゾンキンドルを入手した。

今のところ、キンドルは日本国内では発売されていないし、日本語の書籍が読めるわけでもない。しかし、国際版として米国外に向けてもアマゾンのサイトで販売されている。購入方法はごく簡単。アマゾンの米国本社のサイトに登録し、購入ボタンをクリックするだけだ。二五九ドル、それに輸入になるので送料、通関の手数料となにがしかはかかるが、総額で三万円はかからない。ちょっと飲みに行くことを考えれば安いものだ。

待つことしばし、到着したキンドルは弁当箱くらいの小さな段ボール箱に入っていた。英語の送付票と思しき物がついていて、最初はキンドルの到着とは気がつかなかったぐらいの素っ気なさだ。

段ボール箱を開けると中には、雑誌や各ＷＥＢサイトで何度も目にしたキンドルの実物。「これかぁ」と感慨もひとしお。とりあえず、充電しないと始まらないので、充電ケーブルをコンセントにさして充電。これが実はＵＳＢケーブルを兼ねているのにまず驚く。箱に入っているのは、本体とこの充電ケーブル、それに薄っぺらい簡単なマニュアルのみだ。

スイッチを入れると、キンドルの初期画面。驚くほどシンプル。昔のMS-DOSパソコンのコマンドプロンプト画面のようだ。User's Guide をクリックすると、これぞキンドルという文字列が現れる。液晶画面を見慣れている目には少し表示が暗い感じがする。思わず、輝度を調整するボタンを探した。もちろんそんなものがあるはずない。キンドルは「電子ペーパー」。裏から光をあてて画像を出すのではなく、表面そのものが白の地の部分と黒の文字部分に分かれている。紙と一緒なのだ。液晶のようにそれ自体が光るわけではないので、暗がりでは読めないが、電源を落としても画面には表示され続ける。

まずはスイッチひとつで文字が大きくも小さくもなることや、横画面にも縦画面にも変わることを確認。読みやすい。キンドルの購買層は意外に高齢者が多いといわれるが、読み手によって表示を変えられる究極のユニバーサルデザインがその理由だろ

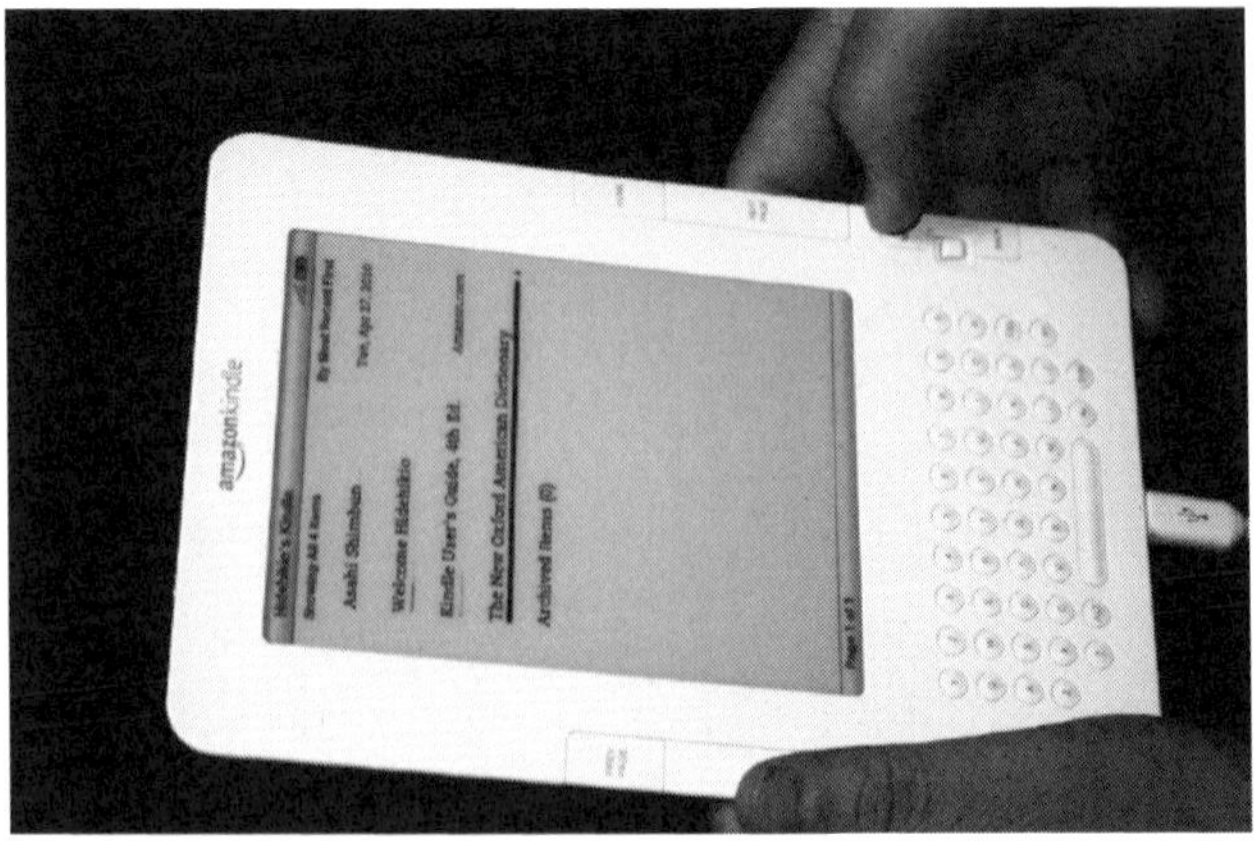

アマゾン　キンドル

う。ただし、ここまでは想定の範囲だ。五年前のソニーのリブリエだってすでに電子ペーパーを実装していた。

問題は、なぜリブリエはパナソニックのシグマブックともども討ち死にし、キンドルは大ヒットしたのか。これはもうコンテンツとクラウドにつきる。キンドルはそれ自身が通信端末でもあるのだ。普通に、Shop in Kindle Store という文字をクリックすれば3G通信が始まり、アマゾンのブックショップにつながる。日本版が発売もされていない日本でもだ。これで数十万点ともいわれる本が買える。この電子書籍ネットショッピングには面倒な登録も、難しい設定もなにもいらない。まさにクラウド。なんだかわけのわからない雲の上から、本がやってくる感じだ。原理や仕組みをまったく知らなくても、読者は読みたい本をクリックするだけなのだ。ショップには新刊・話題本がずらりと並んでいる。しかもアメリカでは市価の半値らしい。これはたまりません。

このキンドルも英語だけでは一般の人にそのすごさがわかってもらえない。ワープロで日本語ファイルをキンドルサイズに加工し、ＰＤＦに出力、このＰＤＦをキンドルで表示させると、疑似日本語キンドルのできあがりだ。

出入りの印刷協力会社営業マンにこの疑似日本語キンドルを見せると、みな一様にその見やすさに驚く。意外にも、「こんなもの使いものになりませんよ」とは一人も言わなかった。アマゾンキンドルは第一号製品にすぎない。これからいくらでも改良され、より紙に近くなることを知っているからだろう。やがて、もっと薄くて、カラー表示になり、折り曲げられて胸ポケットにしまえる時代が遠くないことも。

印刷はどこへ行く。

リブリエ（LIBRIe）

ソニーが二〇〇四年に発売した電子書籍端末。アマゾンキンドルにも使われている電子ペーパーを世界で最初に商品化した。しかし消費者の関心をひくことなく、二〇〇七年には販売停止となってしまう。

シグマブック（Σ Book）

パナソニックが二〇〇三年に売り出した電子書籍端末。見開き表示ができるなど、これまでの電子書籍とは一線を画し、パナソニックも宣伝に力を入れていたが、ほとんど売れなかった。

クラウド

クラウドコンピューティング。パソコン側にデータやアプリケーションをもたさず、インターネット側にもたせて、必要なときに呼び出して使う。有線・無線を問わず、回線があればどこからでも使える。いちいちアプリケーションやデータを意識することなく、まるで雲の中からほしいアプリやデータが使えるように感じられるのでクラウドといわれる。

PDF

Portable Document Format（持ち運びできる文書形式）アドビシステムズが策定したファイルフォーマットおよびその関連技術で、一ページごとに印刷イメージのままドキュメント化することができる。汎用性が高いが、あくまで読むための規格であり、ワープロのデータのように後での修正には向かない。

電子書籍への抵抗勢力たらん

風雲急を告げるとはこのことだ。電子書籍である。アマゾンキンドルの成功は、長く商品としては成功しないと言われてきた携帯読書端末を一気に次世代デジタル製品の主役に立たせた。一つ成功するとわかればあらゆる会社から似たようなものが発売されるのは世の常。アメリカのコンシューマーズエレクトロニクスショーでは携帯読書端末の新製品が大量に発表されたという。そしてアップルからは満を持しiPadの発売である。もうこの流れは押しとどめようもない。これに対応するように、出版界の動きも急である。アマゾンは9.99ドルという低価格でコンテンツを売り出している。これは新刊の半分以下の価格らしく、読者は当然飛びつくだろう。これでも出版社へのコンテンツ料支払いが充分にあるので出版社は損をしないようになってはいるらしい。

それでもさすがにいくつかの出版社はこうした動きを苦々しく思っているようで、英国マクミランのようにアマゾンに叛旗を翻す例も出てきている。日本でも「電子書籍出版社協会」が起ち上がり、出版社が電子書籍の主導権を握ろうとしている。このままアマゾンのような動きが拡がっていくと、電子書籍のコンテンツベンダーが出版社を抜きにして著者と直接契約しかねないからだ。出版社には編集という機能があり、すべての本は著者と編集者の共同作業でできあがっていくと出版社は主張する。編集がなくては本というコンテンツは商品として完成しない。だから、古いコンテンツといえども電子書籍ベンダーにあっさり渡してしまうわけにはいかないのだ。

さて、我々印刷会社にとって電子書籍は脅威以外のなにものでもない。紙に印刷しないのだから、電子書籍製作にあたって、印刷会社はまったく蚊帳の外だ。もちろん電子書籍ベンダーや電子書籍システムのソフトウェア構築といった仕事を印刷会社の仕事としてしまうことは可能だ。可能だが、そんなことができる印刷会社がいったい全国に何社あるというのだろうか。このままでは印刷業界、少なくとも出版印刷業界は壊滅である。

このままでいいはずはない。一つは電子書籍ビジネスの中で我々が何をやるべきかもっと真摯に考える必要があるだろう。後からふりかえれば「なんだそんなことでよかったのか」というような市場がかならず電子書籍にもあるはずだ。印刷会社としてできることと電子書籍の特質を徹底的に検討し、メシのタネにしよう。

そして、もう一つ、このまま座して死を待つぐらいなら、抵抗勢力になってやろうではないか。本は印刷会社が作った。グーグルがスキャンして溜め込んだ書籍コンテンツの大元も結局その版面は印刷会社が作ったものだ。著作権の関係から版面については印刷会社はなにも言えないなどと、あきらめる必要はない。ありとあらゆる法律を駆使して徹底的に言うべきことは主張しよう。主張して訴訟している間は、電子書籍陣営も法律論議に手間をとられて電子書籍化の速度が落ちるはずだ。

そして読者に訴えかけよう。「紙の本の魅力」をもっと声高に宣伝しよう。本には表紙もカバーも腰巻きも見返しも扉もある。そうした全体が本なのであって決して本文だけではない。そして本は読むのにデバイスが必要ない。本は本という媒体がそのままプレーヤーでもある。電池も電気もいらない。読者に紙の本の魅力を再認識してもらえれば、電子書籍の売り上げは落ちる。売り上げが落ちれば高い金を出版社に払ってまで、配信しようとはしない。結果として電子書籍の人気はいつまでたっても高まらないはずだ。

もちろん、こうした抵抗も蟷螂《とうろう》の斧なのは百も承知。長期的に紙の本が電子書籍に対抗するのは難しいだろう。しかしちょっとでもその普及を遅らせれば、その間に印刷業界のビジネスモデルを転換させることができる。

我、抵抗勢力たらんと欲す。だいたい印刷業界はなめられている。電子書籍をビジネスとして成立させようとするなら、印刷業界に仁義を通してもらいたいものだ。

電子書籍への抵抗勢力たらん、そして

前節の「電子書籍への抵抗勢力たらん」は発表時、すごい反響を巻き起こした。このときの連載は前身の「若旦那コンピュータ奮闘記」からもう十数年続けていたがこんなことは初めてだった。印刷業界の方にはまず、「溜飲が下がった」とか「よく言ってくれた」的な反応が多かった。しかし、概してあまり私の耳には聞こえてこなかった。みなさん、本当に電子書籍になにもしなくていいの？

むしろ、電子出版業界やそのシンパ（同調者）からの反響が大きかった。抄録をブログに載せて、さらにツイッターで発信したということもある。ブログのこの記事の閲覧は一週間で一千件を突破してしまい、まだまだ伸び続けている。当然、ツイッター上、ブログ上などで反論を含めさまざまな反応があった。

おもしろかったのは「そう、すねなくても」というものだ。確かに前節の文は印刷業界がなおざりになっていることに対して、わけもなく異議をとなえているようにもとれるから、「すねている」と思われてもしかたのないところがあった。

多いのは「抗えない変化なのだから、足をひっぱるようなことをせずに、建設的な方向で議論を積み重ねましょう」というものだ。確かにそれはその通りなのだが、あくまで電子書籍推進側の理屈であって、印刷産業そのものが破壊されかねない以上、印刷産業と電子書籍とは絶対に相容れない。

電子書籍推進側にとっては、日本の動向が歯がゆいのである。アメリカでの現状を見ていると、すでに紙媒体新聞の壊滅とキンドルの成功など印刷メディア電子化への道を着実に歩んでおり、電子書籍は新産業として地歩を固めつつある。これに対して、日本は絶対的に遅れてしまったと彼らは思っている。まず、アメリカでは新刊が電子書籍向けに安価で供給されることが常識なのに、日本ではまだまだ出版界は電子書籍化に及び腰である。このままではまた世界から取り残されてしまうという焦燥感が電子書籍陣営には強い。この上、印刷業界までも抵抗勢力になられてはたまらないと思われているようなのだ。

ともあれ、私の発言に対し、感情的な反発とか、敵対とか、電子コミュニケーションにありがちな反応はあまりなかった。私としてはブログ炎上覚悟での発言だったのに拍子抜けだ。むしろ、みんなでなだめすかそうとしてくれているようにすら思える。「印刷業界に生きる道はあるんだよ」とか「印刷業界とともにやっていきたい」というような発言だ。

裏返せば、印刷業界も電子書籍に影響力を持ちうると思われているということではないか。これはある意味、発見だった。むしろ、電子書籍業界の人々が遅々として変わらない出版界に愛想をつかして、印刷業界に共闘しようと秋波を送ってくれているのかもしれない。メディアの電子化にあたって、出版社は一部大手をのぞいてはほとんど関与してこなかった。実務を担ったのは印刷業界だ。だから、実は電子書籍のノウハウをもっているのは印刷業界であって、出版業界ではない。ならば再販制度など、既得権益にがんじがらめになって動きのとれなくなっている出版業界に替わって印刷業界と直に取引したい、とそう言っているようにも見える。実際、そうはっきり述べたブログもあった。

印刷業界は意外にいい立場にいるのかもしれない。

電子書籍の未来に疑いようがないとすれば、印刷業界人としても電子書籍に向けてなかなか体制の整わない出版社と心中するのは避けて、むしろ独自の立場で生きていける方向性を模索した方が得策なのかもしれない。

印刷業界の電子書籍

「電子書籍の抵抗勢力たらん」は出版や電子書籍関連の方々に向けたのではなく、むしろ印刷業界向けに決起を促したものなのだが、一般の反響の大きい割に印刷業関連の方からはあまり反響がなかった。載せたのが印刷専門誌なのにだ。

一つは、印刷業界の勉強不足ということはあるだろう。そもそも印刷業界は電子書籍についてあまりに知らない。ソフト業界でのクラウドコンピューティングパニックもそうだが、得体のしれないものには過度の恐怖感を抱くか無視するかしかないのだろう。印刷業界の場合は恐怖のあまり足がすくんで何も言えないのかもしれない。

もう一つは、やはり出版社への遠慮があると思う。なんといっても、印刷業界の最大のお得意様だし、電子書籍に将来の芽を見いだそうとしている出版業界様に向けて印刷業界が反乱を起こすのはおそらく難しい。今後出版物の部数も点数も減るのはわかりきっているけれど、まだ注文は電子書籍より紙の本の方がはるかに多いわけで、出版業界をさしおいて印刷業界から発言するわけにはいかないのが実情だろう。

かといって印刷業界人としては出版社と心中するのもあまりうれしくはない。

だからまずは主張すべきは主張させてもらう。印刷したら、当然のようにその原版ＰＤＦを要求され、泣く泣く渡すと、それがなんの断りもなく電子書籍として使われているなどということはやはりやってほしくない。法律的にはどうなんだろう。昔、活版の時代は、版の上に載った内容は著者や出版社のものだが、それを支える鉛は印刷会社のものという了解があった。だから再版のときは、仁義としても、実質的な技術的制約という意味でも、かならず同じ印刷会社に仕事を回してくれた。この理屈を敷衍《ふえん》すれば、印刷会社も当然版面に対して権利を主張できる余地があるはずだ。そうした権利がちゃんと守られてこそ、対等なパートナーとして出版社や著者と共同歩調がとれる。

そして、印刷会社は大量に複製することだけが仕事だと思っていてはいけない。京都の印刷工業組合所属会社の労働統計でもいわゆる印刷機を回しているだけの「印刷工」は少数派だ。その多くはＤＴＰオペレータやデザイナー。彼らにとっては、かならずしも紙がなくとも生きていける。ただ、あまりに今まで「紙」への依存が大きかった。親父がよく言っていた「紙代は第二次大戦直後と今とではほとんど変わらないのに、その間人件費は一〇〇倍にはなっている」。印刷屋は昔、印刷機を回すどころか、紙の相場を見て、仕入れた紙を右から左へ転がすだけで儲かったのだ。印刷屋は紙に依存しないとどうにも儲からない。そういう構造になってしまっている。その中で、組版やデザインは印刷のおまけという意識は強く、出版社も本を積み上げれば、金を払うことには納得してくれるが、組版だけに金を出すという意識は低かった。だから、いわば組版だけに特化してしまうような電子書籍ビジネスに印刷業界は二の足を踏む。

結局はビジネスモデルの問題に行きつく。電子書籍ビジネスでちゃんと利益が出ればいい。それだけのことだ。もちろん、我々もＰＤＦを作っているだけで、お金がいただけるとも思っていない。電子書籍にふさわしい技能を身につける必要があるだろう。電子書籍のための技能を身につけて新しい時代のビジネスを構築する。そのためには努力を惜しんではならない。

決意表明としてこれで締めくくりましょう。ちと時代錯誤だけれど。

全国の印刷業者よ団結せよ。紙の桎梏《しっこく》と呪縛から解き放たれたとき、電子書籍という未来の地平が立ち現れてくる。

既存業界の抵抗勢力化

電子出版ビジネスの実際の担い手について、出版社より印刷会社に期待しているという電子書籍サイドからのエールは多い。出版社主導では一向に進まない電子書籍化に対して印刷業界が役割を果たすことを期待されている。著者が直接電子書籍化してしまえばいいのだが、技術的なサポートが当面は必要だ。そこに印刷会社をパートナーとして考えてくれているようなのだ。

そう考えていただけるのは大変うれしい。やれるならやりたいと思う。しかしだ。印刷業界にとって、少なくなったとはいえ、稼いでいるのはやはり「紙に印刷」する部門なのだ。デジタル化してIT化して、生き残れる印刷会社は、あるとしても、おそらく極めて少ない。もともと、ITをビジネスにできる印刷会社そのものが多くない。今のところは印刷業界はデジタルコンテンツの作成といったビジネスに一日の長があるが、デジタルは参入障壁が極めて低い。コンピュータ一台でいくらでも参入できる分野だ。だとすると、今でこそ印刷業界に期待されているが、別に著者が電子書籍制作の目的を他の業種で達成できれば印刷会社は生き残れる保証がない。

だから、「抵抗勢力になって、電子書籍の発展を阻害する側になってでも、既得権益を守る」という発想に陥ってしまう。ITに向かって進むことは、ライバルも多く、また多くの新たな知識や技能を学ばねばならない茨の道だ。既得権益擁護の戦いは孤独かもしれないけれど、武器がある。版面権などで闘うことは無意味という意見も多いが、法律を徹底的に駆使すれば、電子書籍側に余計な手間をとらせることはできる。前に進もうとする電子書籍に訴訟や政治利用などの手かせ、足かせをはめれば歩みを遅らせることはできる。

二〇〇九年、話題になったグーグル書籍検索問題だって、グーグルは、結局世界中から反発をくらって、英語以外の全面文献検索はあきらめざるをえなかった。我々はグーグルにいきなり公開をつきつけられて面食らったのは確かだが、グーグル側にしてみれば、あっさり金を払ってすむはずのアメリカでの集団訴訟が、思いもかけず世界中から面倒な反論や反訴を起こされて半端ではない手間をかけざるをえなくなったということだ。逆に言えば、既得権益を握る側が徹底的に反抗する気になれば、手間暇と時間をとらせることは可能だということだ。最終的に勝つか負けるかはこの際、問題ではない。手間をとらせればよいのだ。あるいは、印刷業界は中小業者が多いから、中小企業振興のためと称して、政治を動かすこともできるだろう。自民でも民主でも票は欲しいはずだ。

既得権益擁護のために新産業の抵抗勢力として動く実例は日本の産業史上、枚挙にいとまがない。特に農産物輸入自由化に対する農業団体の抵抗はすさまじいもので、その結果農業団体はかなりの譲歩を勝ちとっていった。それが日本の農業の真の振興になったのかは、ここではあえて問わない。ただ、抵抗勢力として闘うことは政治の問題であって、最終的な理想とはなんの関係もないということなのだ。

もちろんこんな闘争は不毛だ。こんなことをやれば、日本の電子書籍は世界から一〇年、二〇年と遅れをとり、取り返しのつかないことになるだろう。私は少なくともこれが不毛だということはわかっているつもりだ。ただ、業界団体の政治力というのは、そんなきれいごとではすまされない。

「このままでは生き残れないんだよ。だから、みんなでデジタルを学んで、技術力を高めデジタル時代に対応していこうじゃないか」

と言われて、目を輝かせてついてくる会社だけではない。実際、印刷会社の中で、印刷機しか持っていない「刷り屋」さんはかなりの数存在する。どろどろと電子の時代に抵抗し、相手の足を泥沼にとらせることだけを考える勢力だっているということだ。こんな会社はいずれは淘汰されるだろう。しかし、淘汰されるまで、大いに障害にはなってくれる。

やはり、印刷会社の電子書籍による新産業への転換といった議論はきれいごとに思える。紙の延命をはかるか、もしくは、刷り屋にもなんらかのかたちで、電子書籍の権益を分配してやらねばならないのではないか。これは、現在の本屋や取次店に対しても同じことがいえると思う。私には、あの集団が時代に取り残されて、おとなしく消えていくことを選択するとは思えない。一波乱二波乱あり、その間に日本の電子書籍は一周も二周も遅れる。

これを避けるにはまず、紙の呪縛から解き放たれることを訴えて、デジタル化の道筋を示す。そして、紙の印刷がまだしばらくは電子書籍と共存できることを保障して安心してもらう。完全にクラッシュするのではなく軟着陸する道筋を示すのだ。本当に軟着陸できるかどうかはわからない。しかしとにかく軟着陸の方法論を示さねばならない。そのために、紙とデジタルのハイブリッドを提唱したい。紙でも出版し、電子書籍にも出す。そういった形式の本を増やすことが解決につながるのではないか。

私は、ハイブリッド印刷の方法論として可能性が大きいのはオンデマンド印刷であろうと思っている。オンデマンド印刷はいわばコピーなのだが、一応、紙を扱うことには変わりない。今のオフセット印刷のシステムとはかなり違うが、一応「印刷」だ。そして、デジタルデータを直接紙に出力するというシステムだから、デジタルデータの取り扱いに慣れていないと使いこなせない。オンデマンド印刷に入りこむことは、すなわちデジタル技術に習熟することであり、電子書籍への移行も容易になる。本屋も取次もこれなら生き残れる。

印刷から電子書籍への革命的な変化の激変緩和措置としてオンデマンド印刷をはさむ。このことで印刷業界が抵抗勢力化するのを防ぐ、といった戦略だ。

ただ、これでも刷り屋さんのラッダイト運動は防げませんが。

グーグル書籍検索

グーグル内で提供している書籍の全文検索サービス。書籍内の全文を対象に検索を行うことができ、検索結果として表示された書籍の内容の一部が無料で表示される。アメリカ合衆国では絶版とみなされた書籍は全文が公開されており、実質的な電子図書館といえる。このグーグルによるスキャニングや排他的利用が著作権侵害にあたるかが争われたアメリカでの裁判は、著作権者や出版社との間で和解が成立し利用が認められた。それを全世界の書籍へと拡大しようとしたのが、グーグル書籍検索問題である。結局、非英語圏の書籍に対しては和解から除外することとなったが、問題の根本的な解決にはなっていない。これをきっかけに、電子時代の読者の利便性、著作権、言論の自由のあり方について大論争となっている。制度が技術に追いついてない典型例でもある。

オンデマンド印刷

文中にある通り、コンピュータのデータをそのまま印刷機に送り込んで必要部数のみ印刷してしまう形式。まさしくプリンタ。実際、オンデマンド印刷機の代表といえるゼロックスのドキュテックなどは、傍目から見ると、事務所によくある大型の複合機となんら変わりない。

ラッダイト運動

Luddite movement は、一九世紀初めイギリスの織物工業地帯に起こった機械破壊運動。産業革命にともなう機械使用の普及により、失業のおそれを感じた手工業者・労働者が起こした。後年の労働運動の先駆とされる。と教科書で習ったはず。

二つの展示会

私は展示会というやつが好きだ。イベント会場に各社が最新鋭の機械を持ち寄り、次の時代での業界の覇を競う。今まで、幾多の機械がイベント会場に出品され、そのうち幸運ないくつかは、印刷屋に納入され、またそのうちのもっと幸運ないくつかが印刷業界の標準を占めるようになっていった。そうした展示会を賑わした新製品もやがては衰退していくのだが、その頃には新たな製品が展示会に並んでいる。展示会はいつも業界の活気の源だった。

印刷関係の展示会に元気がなくなって久しい。地方の展示会などは開催されるたびに縮小を続けている。出展する会社自体がひどく減っているし、展示はあってもブースそのものが小さく、展示されているものも実物がなくパネルだけだったりする。結果として会場自体が埋まらないのか、先の大阪の展示会では会場はわずかにイベントホール一つだけ。バブルの頃に、四つものイベントホールで印刷機械がうなりをあげて試演を競っていたのとは隔世の感だ。

この印刷機器展示会の低調は、不況のせいが大きいのはもちろんだが、紙を前提とする限り、印刷機械に画期的新製品があまりないということもある。どんなに高速大量の印刷機を開発したとしても、そもそも、そんなに大量の枚数を刷ってくれるお客さんがいない。どんなに綺麗で精細な印刷を誇ろうとしても、人間の目の認知限界を超えるような高精細印刷では意味がない。かろうじて、環境に優しいことを謳う印刷システムが今、目につくぐらいだが、残念ながら環境それ自体はあまり金儲けにはつながりそうもない。

ただ、業界をもっと広く考えれば、興味深い展示会もある。印刷ではないのが悲しいが、今、国際ブックフェアの展示がおもしろい。これは元々、書店向けに出版社が自社の出版物を宣伝する場らしいが、出版社向けにも、さまざまなメーカーが機材を出品している。元来、出版社は印刷機材をもたず、必要な組版や印刷は印刷会社が担ってきた。これが、DTP革命以後、出版社も続々自社組版などを行うようになって、ブックフェア向けにメーカーが出展する土壌ができたのだ。印刷会社の出展が多いのも目につく。出版社向けに、自社の技術を売り込んだり、独自開発ソフトを販売したりしている。総じてこうした印刷屋は元気だ。ブックフェアは印刷機械が並んでいるわけではないけれど、何か会場全体がうなりを発している。

元気の源はやはり新製品だ。出版社向けの新製品というと……電子書籍作成グッズなのである。先行試作の段階を経て、日本でも携帯電話向けマンガで市場が爆発しつつある電子書籍市場に、いろんな業界から人もカネも流れ込んで来ている。協賛の講演会などでも今後の電子書籍のビジネスモデルをめぐって熱い討論が繰り返されていた。電子書籍といえば死屍累々の専用書籍ビューア(シグマブックやリブリエ)を思い浮かべがちだが、もうそんなものはここでは過ぎた話だ。実際に携帯電話向け電子書籍やアマゾンキンドルの登場で市場が伸びたことで、パソコンや携帯電話に向けたさまざまな試みがどっと増えた。今度こそ電子書籍ビジネスを誰も諦めない。市場があるのはわかったのだ。あとは誰がどんなかたちで市場をつかみ取るかなのだ。要は新市場とそれを支える新製品が見える業界は活気があるということだ。

今後も印刷機メーカーの撤退は相次ぐだろう。しかし撤退というのは印刷機メーカーが印刷会社を見限ったということに他ならない。どちらにしてもそんな印刷機メーカーに未来はないわけで、こちらこそ願い下げだ。印刷会社とともに業界の未来を考えてくれる印刷機メーカーを我々は求めている。

我々印刷会社の行く末を希望に導いてくれる新製品は果たして出てくるのだろうか。メーカーさん、ある意味、もう「印刷」にこだわらなくってもいいじゃないか。もちろん「電子書籍」にこだわれと言うつもりはない。ではその新製品は何かって？　それがわかれば苦労はしない。まあ一緒に考えていきましょう。

第二章　ＩＴ化社会の奔流

寓話、大波・小波

「もうすぐ波が来るぞ」

かれこれ二〇年前。私はこの波に乗ろうと準備万端整えて待っていたサーファーだった。サーフィンボードはコンピュータ(当時の呼称では電算機)、波はコンピュータ化組版印刷。電算の時代が来るというのは、私たちがこの業界に入る以前から言われていたことで、高いコンピュータを買って、やがて来るという電算の時代を待ちかまえていた。技能修練も万端おこたりなく。プログラムのできる社員や、キーボードの達人といったそれまでの印刷業界に求められた人材とはひと味もふた味も違う連中を集めた。

確かに波は来た。でも思ったほど大きな波ではなかった。一つには、準備万端整えた頃にバブル崩壊、受注減に追い込まれて、波が小振りになってしまったこと。そして、電算そのものがどんどん簡単になって、予想していたより多くの会社がこの波に乗ってきたからだ。電算という波に乗って他社を突き放すつもりが、ふと見ると横には何人ものサーファーがこの小波に乗っていたというところか。もちろん、何人かは波に乗れなかったり、乗ったとしても倒れてしまうということもあったけれど。

ところが、そんな小波に乗った乗れないで競争している場合ではなかったのだ。ふと気がつくと、後ろからさらに大きな大きなインターネットの波がやってきていた。大慌てでこの波をとらえようと、新たなサーフィンボード（インターネット関連設備や人材）を用意したが、間に合わなかった。このインターネットというサーフィンボードは、印刷業界用のサーフィンボード（電算写植関連設備）と似てはいるのだが、大きさも構造も全く違っていたのだ。

まあいいや、あっちのサーフィンの世界とこちらの世界とは方向が違うということだ。波は大きいかもしれないけれど、向かう方向が違う。インターネットの世界がこれから西へ行く波とすれば、我々印刷業界は東へ行く波。競合もしないし、全然世界の違う話だ。我々印刷業界は印刷業界としてこの東へ行く波に乗っていればいい。それにしても少々、波が小さすぎるな。この小さな波に乗っている人数も多すぎる。

あれれれ、西へ行くはずの波がいつまでたっても西へ行かないぞ、我々の向かう方向と同じ方向に向かって行くじゃないか。これではこの小さな波は呑みこまれてしまう。インターネットの波は、どんどん印刷の波を食っていくぞ。まず、雑誌の波が呑みこまれたと思ったら、あっという間に新聞の波も食ってしまった。おや、あちらではテレビの波も呑みこもうとしている。なんなんだこれは。この大波はメディアの大海を覆い尽くしてしまいそうな勢いじゃないか。

まずい。まずすぎる。このままでは印刷の波も全部食われてしまう。やはりインターネットの波に乗らなければいけないのだろうか。あれ、あちらのインターネットの波に乗っているのは、印刷業界人じゃないぞ。なにやら人種が違う。いや、人種が違うだけじゃない。若い。どうやらインターネットの波はそれに向いたサーフィンボードを買うだけじゃ乗れないんだ。ネット世界での波乗りセンスというやつが必要なんだ。じゃあ、我々は何もできず、座して呑みこまれるのを待つだけなのか。

「あれ、お父さん。そんなところで何しているの?」

インターネットの大波の上から、声をかけられて、ふと上を見るとその大波で楽しくサーフィンしている息子がいた。

「なんだ。おまえか。何しているんだ」

「次は、放送と通信の融合という、さらに大きな波が来るから、それに乗ろうと思ってね。お父さんも来る?」

そこで、私は目が覚めた。だから私がどうしたかはわからない。

電算写植

コンピュータを使って精密印字を行い、印画紙やフィルムに出力するシステム。DTPが登場する一九九〇年頃までは印刷の電子化の花形だった。ただし当時のハードの制約から現在に比べると性能は低く、また非常に高価だった。電算写植を導入した頃はこの手の機械が五〇〇年の活版印刷を変革すると思ったが、結局、紙があるという意味では、電子書籍への過渡期の技術であったのかもしれない。

放送と通信の融合

「放送」というのはラジオとかテレビのように発信する局があって、そこから大勢の視聴者に向けて発信する。受ける側は聞くだけ、見るだけ、ただし品質は高い。「通信」はそれに対して、お互いに情報を交換する。たとえば電話やアマチュア無線のように。これらは全く別物として発達してきた。ところがインターネット時代になると、通信も放送も差がなくなり、動画でも、音声でも誰でも発信でき受信できるようになった。これが放送と通信の融合。これから、特に放送の世界に革命的変化をもたらすといわれる。

無線ＬＡＮの時代

元祖モバイラーを自他共に認める私にとって、電話線だけではもう物足りない。ＬＡＮポートが必需品だ。なにせ、電子メイルですら文字情報だけでなく重たい画像や動画の飛び交うご時世なのだ。高速ＬＡＮなくしては電子メイルもままならない。よくしたもので、最近ではＬＡＮポートつきのホテルを探すのに苦労はしない。ホテルでＬＡＮにつなげて高速インターネットを使えれば、家や会社と変わらない通信環境が旅先でも手に入る。ホテルについたらそこがオフィス。いい時代になったものだ。

そして、この上さらに無線ＬＡＮがやってきた。実はホテルのＬＡＮが有線から無線に変わりつつある。これは海外の方が普及が早いようで、一番最初に無線ＬＡＮホテルにでくわしたのがドルッパで行ったドイツだった。しかしそのときの無線ＬＡＮの印象は最悪だった。設定が難しくてなかなかうまくつながらず、マニュアルも英語しかなくてお手上げだったからだ。なんで、こんなややこしいものをつけるんだ、有線ＬＡＮにしておいてくれればいいものを、と一人ドイツのホテルで毒づいていた。

その後、こちらも無線ＬＡＮについては一通り苦労したが、ようやっと無線ＬＡＮのすごさがわかってきた。設定さえ間違えなければあっさりと裸のノートパソコンが世界とつながってしまうという感じなのだ。ノートパソコン以外、何の機器もいらない。ホテルにしても、全室に有線LANをひくよりホテル全体を無線LANで包みこんでしまった方が安上がりだ。各部屋への有線LAN工事がいらないということは逆に、有線LANの設備などつけようにもつけられない古いホテルでもこの方法は有効である。

無線LANの威力を思い知ったのは、ホテルのコーヒーショップで本当にあっさり高速インターネットが使えてしまったことだ。それはまさしくあっさりとだった。ノートパソコンをコーヒーショップのテーブルの上で開くだけで、世界中の情報と高速インターネットを通してつながってしまったのだ。

無線LANの適用はなにもホテルに限ったことではない。応用範囲はきわめて広い。大学の構内すべてに無線LANを飛ばしておけば、学生や教員はどこにいても高速インターネットが使える。食堂であろうが、教室内であろうが、他人の研究室であろうが、噴水の傍らであろうが、高速のネット環境が手に入る。会社や役所でもいくらでも応用が考えられるだろう。しかも、これは基本的にLANだからインターネットにつながるだけでなく、構内でしか使えない情報も流せる。さらに公衆無線LANの時代ともなれば、街角のあらゆるところで、そして、電車の中、飛行機の中でも使えるようになるだろう。

「どこでもドア」ならぬ、「どこでもインターネット」である。

そして「どこでもインターネット」の時代になると情報を伝達するという意味での印刷物の価値はとことん低下する。単に情報を伝えるだけなら、無線ＬＡＮを使えばどこからでもどんな情報でも手に入ってしまうからだ。インターネットの時代になって、情報伝達手段としての印刷物の価値はどんどん下がっていったわけだが、まだ「大きな機械と有線」という物理媒体が必要だった。もしくは携帯電話の小さな画面で我慢するしかなかった。紙の本はコードをひっぱらなくても読めるという点でそれなりの意味があった。コードなしでもすべての情報が読めるとき、印刷物は終わる。無線ＬＡＮの時代とは情報伝達革命の最終段階ということなのだろう。電子書籍の時代も、まさにどこでもネットがつながることを前提としている。

かくなる上は情報を伝達するだけの印刷ではなく、情報を伝達する以上の価値を如何に付加するかが印刷のサバイバルとなる。要は無線ＬＡＮと画面なんかに負けてる程度の印刷は残れないってことだ。

ドルッパ

DRUPA　ドイツ、デュッセルドルフ見本市会場で四年に一度開催される世界最大の印刷機の展示会。新しい印刷技術はまずドルッパで発表され世界に普及していく。

ちょっと見ぬ間のユニコード

いつものようにインターネットで何かを調べていた。何を調べていたかはもう忘れたが、あるページのかたすみに見覚えのある文字を見つけた。タミール文字である。何年か前インドのチェンナイ（旧名マドラス）の印刷業者を訪ねたとき、さんざん眼にした文字だ。ちょっと丸っぽくてユーモラス、梵字の元になったインド北部のデーバナーガリー文字とは全く印象が違う。一時話題になったインド映画「ムトゥ踊るマハラジャ」に出てくる文字でもある。日本ではインド映画オタクでもない限り一生眼にすることはないだろう。

タミール文字を画像で貼ってあるのかなと思ったが、どうもそうではない。調べてみると、ちゃんとしたテキストである。ちなみにコピーペーストしてみたら、一太郎に取り込めてしまう。特殊文字のインス

கீழே தரப்பட்டிருக்கும் கருத்தறிவுப் பத்திரம்
முக்கிய குறிப்புகளைக் கொண்டுள்ளதாகும்.
குழந்தை அறநிதி என்றால் என்ன என்பது பற்றி
விளக்கமாகவும் அக்கணக்குகளுக்கு யார்
பொறுப்பானவர்கள் என்பது பற்றியும், தமது
குழந்தைகள் இதைப் பெறுவதற்குத் தகுதி
உள்ளவராக இருந்தால் பெற்றோர்களாகிய தாம்
என்ன செய்ய வேண்டும் என்றும், கிடைப்பட
இருக்கும் குழந்தை அறநிலை கணக்குப்
பிரிவுகள் எவை என்பன பற்றியும். மேற்கொண்டு
தகவல்களுக்கு வேறு எங்கு சென்று பெறலாம்
என்பது பற்றியும் கூறப்பட்டுள்ளது. தமிழிலும்
ஆங்கிலத்திலும் இப்பத்திரம் கிடைக்கப் பெறும்

タミール文字

トールなどもしていない何の変哲もないパソコンでである。その気になって探してみると、イスラエルのヘブライ文字であろうが、イスラム圏のアラビア文字であろうが、何でもテキスト表示できてしまっているではないか。

ユニコードなのである。

懐かしいなという感をもたれる方も多いと思う。もう一〇年近く前になろうか、ユニコード論争というのがあった。これには印刷業界もずいぶんふりまわされた。全世界のすべての文字を統一基準で表現しようとしたユニコードが漢字コード制定についてあまりに乱暴だといって大激論となったのだ。批判的な意見が多かったように思う。日本語と中国語と韓国語に出てくる漢字を全部まとめて一律なコードをふってしまう性急さに違和感の表明が相次いだ。

私もこの時代の論争に巻きこまれて辟易させられたことがあるのだが、この論争によって漢字コードそのものの持つ問題点が次々と明らかになり、解決策が試みられるようになったのは事実である。商売柄、漢字コードには苦労してきた。電算写植の時代、使える漢字が少なくて困ったことは忘れられない。今でいうJIS第二水準ですらまともに提供されていなかったし、JISコード自身も混乱していた。「灌漑」と入力したつもりが「漼漑」と表記されたというようなことも日常茶飯事で、いつもクライアントからクレームがついた。だが今ではあれほど苦労した「髙」と「高」の区別も楽々入出力できてしまう。文字コードそのものに対する理論が精緻なものとなり、結果として昔ほど漢字コードについての論争は聞かなくなった。

文字コードの雄ユニコードも当然進化する。ユニコードは漢字だけでなく、全世界のあらゆる文字を統一基準にのっとって表記するわけだから、ありとあらゆる文字が簡単に表記できるようになった。調子にのって、一太郎でユニコードを使って色々な文字を表記してみた。おそるべきことに全世界の文字はほとんど、いや、すべて網羅されているといっていい状態になっている。ただ、あまりに日本で馴染みのない文字についてはフォントの提供がなされていない。それでも、そこにコードがあり、表示できない文字として「□」が表示されている。ということはいずれすべて表示できるようになるのだろう。

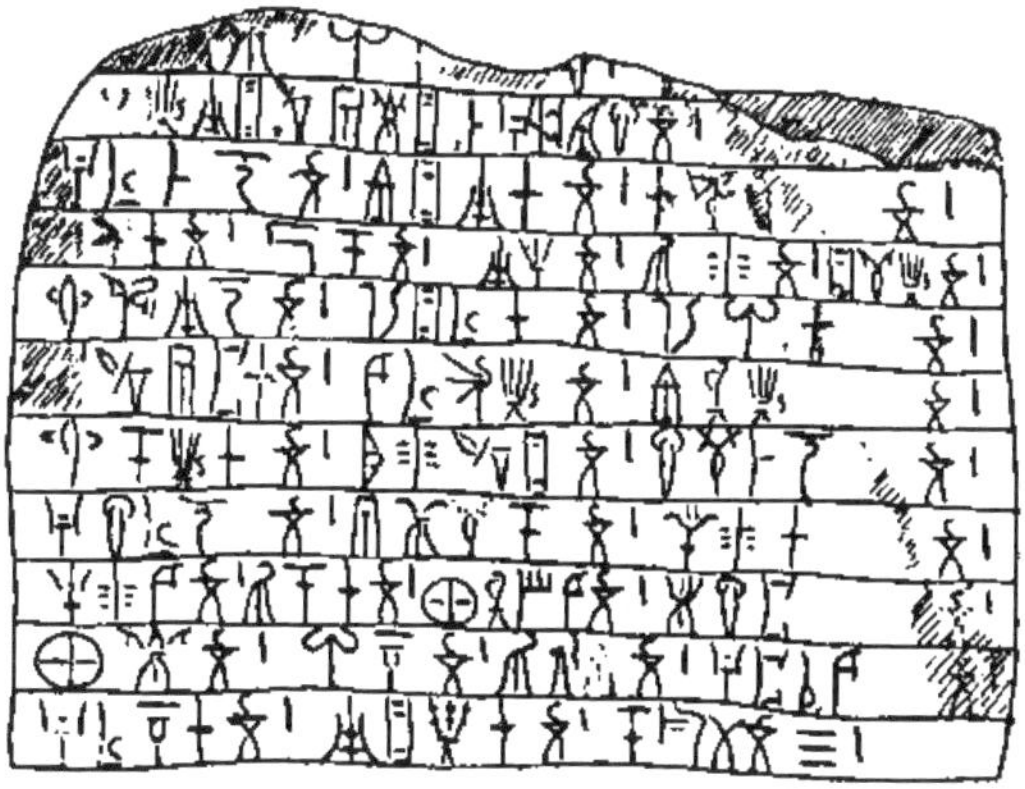

線文字Ｂ

「ユニコードちょっと見ぬ間に大進化」というところか。もちろん、日本語でも論争になったぐらいで各文字の表記とコードのあり方については議論が続いているようだ。それでも「全世界の全文字を」という執念には脱帽せざるをえない。みなさんは線文字Ｂをご存じだろうか。今から三五〇〇年前にクレタ島で使われて、当然、紀元前にして使われなくなった文字だ。ユニコードは、これにまで丁寧に字形とコードを載せている。むろんすべてのコンピュータに線文字Bのフォントが載るのは近い未来とはいいがたいにしても、とりあえずユニコードに拍手。

ＪＩＳ第二水準

漢字コードのＪＩＳ規格は使用頻度の多い第一水準二九六五字に対して、使用頻度はそれほど高くない第二水準三三九〇字を指定している。現在はさらに第三・第四水準が追加されている。ここにいたるまで紆余曲折あって、印刷業界は大いに苦しめられた。

ユニコード（Unicode）

コンピュータ上で世界の文字を共通の文字コードにしようということで作られた。それまでは各国語がそれぞれ別々の文字コードを使っていたため、違う国同士でファイルを交換すると文字化けが絶えなかった。他の文字コード（符号化方式）との変換の整合性などでいくつかの問題も残る。全世界統一コードなのでユニコードがそれぞれの国の文字文化を破壊するような言われ方をしていた時代もあった。

ウィキペディア萌え

　ウィキペディアがおもしろい。どんどんおもしろくなってきている。なんといっても項目の増え方が尋常ではない。すでに日本語版は六〇万項目を越えた。以前は、ウィキペディアで調べようにも該当の項目が載っていないということが多かったのだが、今や、よもやこんなものまでというような項目まで、丁寧な解説がついている。妻も高校生や中学生の息子も、何か調べたいことができれば、ウィキペディアで探している。むろん、項目の数だけではない。内容の充実度も飛躍的に向上している。毎日毎日解説が詳しく長くなる。

　ウィキペディアはインターネット上の百科事典だが、インターネット上の百科事典というだけなら今までいくらでもあった。紙の本が売れなくなった後のビジネスモデルとして、出版社が期待をこめた時代もあった。ネットそれ自身が百科事典ともいえるが、ウィキペディアの特徴はインターネットだからこその作り方がされていることだ。書き手がプロではなく、読者なのだ。自分が知っていて、ウィキペディアに載っていなければ、自分で即座に追加できる。これでは、嘘も書きたい放題だと思うが、意外にその問題は少ない。間違いが書き込まれても、ただちに誰かが正しく修正し直すからだ。まさしくＷＥＢ２・０。大衆参加型ネットワークを地でいく存在なのだ。もちろん閲覧はタダである。一切費用がかからない。

これがとにかく役に立つ。印刷会社役員として紙の印刷業の行く末を考える上で、ウィキペディアを知らなければという、つまりは敵を知るためのつもりで見始めて、すっかりはまってしまった。ちょっと時間があいたとき、ネットサーフィンならぬウィキペディアサーフィンをやりだすととまらない。本当に何でも載っているのだ。学術全般、人物、会社、マスコミ、そして、オタク関係。ＷＥＢページをたどるネットサーフィンより、はるかに見やすくて役に立つ。おそらくそれは、体裁や内容に一応の統一感があるからだ。ネットサーフィンだと、体裁も質もそれこそ千差万別のＷＥＢページ中に放り出され、疲れ果てるし、個人が思いこみで書いているから、やたらに詳しいところがあるかわりに、重要な項目が抜けていたりして、なかなか過不足のない記述にお目にかからない。ウィキペディアは基本的な客観情報がとにかく統一的な体裁で網羅されているから、使いやすい。

そして読むと、書きこみたくなってしまう。実際、私自身印刷関係の項目などずいぶん書きこませていただいた。知の蓄積をボランティアで図るというような崇高なモノではない。とにかく、知っていることが載っていないと書きこみたくなる。書きこんだ後に、誰かが補足していたりすると、感心したり、対抗心を燃やして、さらに詳しくしたりもする。自分の知が他人の知と合流して大河になる喜びというのだろうか、掲示板で気の利いた返答が書けたときの感覚に似ている。こうした私のような書きこみ魔が何万人もいるとすると、ウィキペディアは充実もするはずだ。しかも、百科事典のように執筆から出版までのタイムラグもない。まさに毎日、最新情報に更新されていく。

英語版はさらにすごく、すでに三〇〇万項目を越えている。項目の解説分量も半端ではない。三〇〇万というと古今東西どんな百科事典もかなわない。一項目一頁として三〇〇万頁は三千巻にも値するのだ。最近の流行語「萌え」も、英語版で解説されていた。これは「萌え」ます。しかしこのままではすまないのが、ネット社会のこわいところだ。これだけ注目を集めれば、意図的な妨害や荒らしにもあうだろうし、内容に関して虚偽や盗作が判明して閉鎖されるということもあるだろう。ネットはいつもそうだった。掲示板も最初は良心にもとづいた心地よい空間だったのに、いつのまにか殺伐として荒れ、使い物にならなくなっていった。ＳＮＳもすでに初期ののどかさからは遠い。

それでもウィキペディアだけはこのまま健やかに成長が続くことを願わずにはおれない。あまりに便利であまりにおもしろい。ウィキペディア萌え！

萌え

萌え（もえ）とは、コンピュータやアニメ・漫画・ゲーム等サブカルチャーの世界で、対象への好意・傾倒・執着等の感情を表す言葉である。対象への熱心な傾倒を表す「燃え」が転じたものと考えられる。長男曰く「というように冷静に解説を書いた時点で〝萌え〟は〝萌え〟でなくなる」らしい。

WEB2・0

ウィキペディアのように書きこみや読みこみが自由にできるインターネット運用のあり方。これまでのインターネットは識者が難しい言語を使って、大衆に一方的に語りかけるという意味で、本などの一方通行メディアと変わりなかった。この時代をWEB1・0としたら、双方向性の付加でバージョンが段違いという意味で2・0と洒落たもの。

SNS

Social Network Service インターネットコミュニティ形態の一つ。すでに加入している人の紹介がないと入れないという仕組みをとることで、匿名掲示板にありがちな無責任な書きこみを防止する。日本では「ミクシィ」が有名。

ウィンドウズＶＩＳＴＡに想う

ウィンドウズＶＩＳＴＡを買った。二〇〇七年五月のことなので遅ればせながらとつけた方がいいのかもしれない。ただし、今回はＶＩＳＴＡを買おうとして買ったのではない。古いノートパソコンがつぶれて、新しいノートパソコンを買ったら、ウィンドウズＶＩＳＴＡだっただけのことだ。以前のバージョンＸＰを選択することもできたが、わざわざ意図してＸＰを求めるという理由も感じなかった。

要するに、ＯＳなどどちらでもよかったのである。ＶＩＳＴＡの評判は聞いていた。セキュリティの向上とか、検索のしやすさとか、画面が３Ｄで重なって見えるフリップ３Ｄの威力とか、それなりに知ってはいた。しかしＸＰから積極的に変えようと思わせるほどではなかった。これは私一人の感想ではなくＶＩＳＴＡの巷間の評判もそんなものだ。実際使ってみると、画面などに目新しさはあるものの取り立てて言うほどのこともない。フリップ３Ｄもやってみたがすぐに飽きた。

昔のＯＳの更新は、ある種興奮をともなったイベントだった。一番印象深いのは、ウィンドウズ３・１からウィンドウズ９５に変わったときだろうか。それこそ３・１で不満だったところがことごとく解消されていたし、インターネットにデフォルトでつながるということの驚きと喜びは今でも覚えている。その後、ウィンドウズ９８、２０００、ＸＰと替わるたびにそうした興奮はなくなっていった。それはこちらが年をとったからかもしれない。オタクと呼ばれる青年たちがＶＩＳＴＡの発売を待ちかねたように買って帰る姿も確かにテレビで見た。だが、それも一時のこと、ＶＩＳＴＡそのものが消費者に購買欲をそれほど起こさせないのである。

ＶＩＳＴＡは本当に必要なのだろうか。ＶＩＳＴＡのファイル検索が使いやすいといっても、ビジネスマンは検索機能そのものを使わない。フォルダを整理し命名規則をしっかり定めればファイルは探し出せる。逆にそれぐらいでないと多数の人がサーバーを通じてファイルを共有できない。セキュリティ機能の向上も確かに重要だろうが、通常の場面ではその重要性はなかなか認識できない。つまり、我々はＸＰで満足していた。

それでもＶＩＳＴＡは開発されたし次のＯＳもまた開発されるだろう。開発しないことにはソフトメーカーはもたない。ソフトは古びることはあるが、そのまま使おうとすれば永遠に使えてしまう。現に、印刷関係の特殊なソフトなどは後継が開発されないまま数世代前のパソコンＯＳで動かしていたりする。古いソフトを永久に使われたのではソフトメーカーは干上がってしまう。売り上げを維持するためにはなんとしてでも新商品かバージョンアップを繰り返さざるをえない。商品はある意味では何でもそうだ。自動車も新たな購買欲を刺激するため新機能を装備しデザインを変え次から次へと発売される。自動車は風雨にさらされながら道路を走りつづけると

フリップ　3D

いう過酷な条件にさらされるから永遠に使われることはないにせよ、本来五年や一〇年で使えなくなるということはない。

それでもこうした皮肉な見方は消費者の立場にあってのこと。同じ企業人としては、新商品でもバージョンアップでも需要を喚起できるのはうらやましい。印刷業界はどうなのだろう。我々にはもはや画期的な新商品はない。一色を四色に増やしたとき確かに需要はあった。我々はさらなる需要を喚起し、新たな市場を掘り起こすために、五色にし六色にしようとしている。しかし、消費者は必ずしも五色印刷を望んでいない。というより、必要を感じていない。もちろん発売日に徹夜で並んでＶＩＳＴＡを手に入れるＶＩＳＴＡフリークがいるように、熱狂的な一部個人はより綺麗な印刷を求めるだろうが、それはあくまで少数のことだ。そうとはわかりつつも、新しい機械に換えて、他社と差別化を図らなくては未来はない。印刷のように成熟した商品にあと一つの付加価値をつけ加えるのはより難しく、その差はわずかでしかない。それでも、進まなくては企業は生き残れない。

うーむ。VISTAの悪口を言っているより、VISTAを見習って新商品を開発している方が建設的かなぁ。

ウィンドウズVISTA

二〇〇七年一月発売のマイクロソフトのパソコン用OS。本文中にあるようにお世辞にも評判いいとは言えない。

フリップ3D

ウィンドウズVISTAが発売された当初、盛んに宣伝された。ウィンドウズのそれぞれの窓が立体的に表示され、いくつも窓を開いていてもお目当ての窓がすぐ見つかるというもの。あまり便利ではなく、使っている人は見たことがない。

ソフトウェアの虎

「えっ四千万円！」

その金額に耳を疑った。印刷機のことではない。ソフトウェアの値段だ。市販ソフトではなくオリジナルソフトではある。それにしても、市販ソフトならきわめて高機能のＤＴＰソフトでさえ一〇万円程度で手に入る昨今、オリジナルというだけであまりの価格ではないか。もちろん、数百万本も売れるＤＴＰソフトと一本だけのオリジナルソフトでは、開発費の負担が違う。同じく数千万円かけたとしても、数百万本売れれば、一本あたりの開発費は一〇円にしかすぎないが、一本しか使わないオリジナルソフトは開発費数千万円はそのまま一本のための数千万円だ。

もともと我が社ではソフトは自社開発をしていた。というより、ソフトを外注するという発想がなかった。必要であれば、私も自らＢＡＳＩＣを駆使してソフトを作成したものだ。電算写植時代になって、電算の使いこなしこそがこれからの印刷業界を制すると言われ、ソフト開発には力を入れた。プログラムを書ける人材を何人も入社させた。

やがて自社ソフトは次々と作られるようになった。組版を補助、高率化したり、索引を作ったりとさまざまなソフトを自社開発した。インターネットが印刷業界の次の時代を担うと言われた頃には、こうした人材はＨＴＭＬを書くのにも力を発揮してくれた。

だが、原稿編集や名簿管理をインターネットを通じて行う頃になると、プログラム開発はどんどん大規模になり手間のかかるものとなっていった。それでも、なんとか自社で対応していたのだが、だんだん不都合が出てくるようになった。

もともと、自社開発のプログラムには仕様書もマニュアルもないというのがほとんどだった。マニュアルなんかなくたって、開発者が側にいればもっとも便利な人間マニュアルとして、教えてもらえばよいし、少々ソフトに不具合が出たとしてもその都度開発者が飛んで行って直せばいい。だから、大規模ソフト開発にしても、社内開発をちょっと拡大すればいいだけのことと軽く考えていた。ところがとんでもないことになってしまったのである。

まず、大規模ソフトを一人で開発させようとすると、いつまでたってもできてこない。中小企業では特定のソフト開発に専任させるわけにはいかないから、そこまで手が回らないのだ。かといって開発者を複数にすると大混乱に陥ってしまう。

開発者が複数になると、全員の頭の中でソフトの内容と機能をすりあわせる必要が出てくるからだ。一人で開発している間は開発者一人の頭の中ですべてが構築できてしまうわけだが、開発者が複数になると、内容について全員が共有しておかないと混乱してしまう。混乱をなんとかおさめて、やっとお目当てのソフトができたとしても、大規模で複雑なシステムなのにマニュアルがないので、一般ユーザーには使い方がわからない。その上、体系的なデバッグをやっていないので、プログラムミスは頻発するし、簡単には直らない。結局、ソフト会社がやっているように、要求分析とかシステム設計とか、仕様書作成などという作業を細かく行っておかねば、大規模ソフトウェア開発はただちに行き詰まるのである。

いろいろと試行錯誤はしたが、大規模ソフトは、とても印刷会社、それも中小企業では自社開発などできるものではないということがはっきりしてきた。だいたいソフトハウスに業態変更するのでもなければ、印刷会社としてのコアコンピタンスはここにないというべきなのだ。だが、ここで冒頭の四千万円に戻ってしまう。

自社開発は危険、外注開発は高価。「前門の虎、後門の狼」とはこのことだ。印刷機なら、何年で四千万の償却が可能かの目算も立てられるが、ソフトの場合これがわからない。これからの印刷業はサービス業化とわかってはいても、この金額では逡巡してしまう。えーいここは「虎穴に入らずんば虎子を得ず」でいくしかないのか。

BASIC

コンピュータのプログラミング言語の一つ。その名の通り、基本的な機能を簡単に提供できるというふれこみで、パソコン初期はほとんどのソフトがBASICで書かれた。

HTML

インターネットのホームページを書くための言語。

デバッグ

コンピュータプログラミングミスを発見して直していくこと。プログラム開発では作成そのものよりこのデバッグが困難かつ面倒。

パソコンはどこへ行く

パソコンの性能向上はとどまるところを知らない。もうここまでくれば、あとはやることがないのではないかという水準になってもまだ進化を続ける。自動車や飛行機なども進化を続けているが、最高速度など基本的な性能については、法的規制や公害問題があるにしても、もう伸びる余地はあまりない。少なくとも私の子供の頃と極端には変わっていない。それに比べてパソコンの進化は桁違いである。ＣＰＵのスピードやハードディスク容量など一〇年前との数値を比較したら、桁違いが誇張表現でないのが充分わかる。

しかしパソコンというのはそれで便利になったのかというと、いつまでたっても便利にならない気がする。確かに機能は増えた。動画が処理できるようになるなど、新しい使い方もできるようになった。組版に使うにしても、昔と比べればスピードに対するストレスは少なくなった。その意味では確かに便利になったとは言えるが、なんというかパソコンを維持し使い続けるのにかかる手間はあまり変わらないような気がする。

一番やっかいなのがセキュリティである。昔のパソコンは機能が低くて、できることも少なかったが、セキュリティの配慮などなかった。なかったからスイッチを入れればそのまま使えた。もちろん当時はパソコンを巡る悪意が少なかったからこそなのだが、今のパソコンでは何をやるのにもＩＤとパスワードが要求されるのは煩雑なことこの上ない。つまり便利ではないのだ。そしてこのセキュリティ機能自身が、トラブルを次々起こしてくれる。ＬＡＮで他のパソコンに突然つながらなくなったり、「最新ウイルスパターンをダウンロードします」と表示が出たまま凍ってしまったりする。セキュリティソフトメーカーに電話をかけ、メイルを送って解決しようとしても、またセキュリティの壁に阻まれてなかなか進まない。何か便利になれば、それを帳消しにするようなマイナス面が現れてくるのである。

少しさかのぼってウィンドウズを初めてインストールしたときも、ＬＡＮを家中にひきまわしたときも、導入すれば画期的に便利になるはずなのだが一筋縄でいかなかった。何をやってもうまくいかず、メーカーや販売店に電話をかけ、パソコン通信の掲示板に問いかけ、やっとのことで動かしたものだ。それに限らず、便利になるとはいっても、こんなに面倒なのでは願い下げだと思ったことは数限りない。新しいことや複雑なことをやるからトラブルを起こすのかというと、そうでもない。ＬＡＮなどは、いつの日かケーブルをさしこむだけで簡単につながる時代が来るかと思っていたが、一向にそうはならない。それこそセキュリティがただちに立ちふさがる。難しい設定などなにもいらない自動設定ソフトなどというのにも、大概だまされた。自動的にはなかなか動いてくれないのである。

私のパソコンに対するリテラシー（知識や利用能力）が年齢とともに落ちたのか、知識が古くなってしまったのか。今の若い人々は生まれる以前からパソコンがあったわけで、子供のときからパソコンをさわり続けている。そうなると、おのずとパソコンの複雑な設定方法が身に付き、造作もなくコンピュータの原理が理解できて、インストールやセキュリティ対策など朝飯前なのだろうか。が、掲示板にあふれかえるトラブルの解決を求める質問を見ているとたいして状況は変わっていないように思う。本当に若い人があっさり使えているわけではないのだ。

もちろん、設定が簡単になっている面もある。無線LANの設定などは、新たに機械を買うたび簡単になってはいる。しかし簡単になった頃には、さらにまた新しく機能が増えたり、セキュリティが厳しくなったり、いつまでたってもゴールが見えない。簡単なパソコンというゴールに近づけば、いつの間にか新たな機能とともに複雑な設定が増えて、ゴールが遠くなっているという感じか。

安くて簡単なパソコンがあればそれでいいんだがなあ。

パソコン通信

インターネットが普及する以前、電話回線を通じて掲示板や電子メイルを使えるようにしたシステム。現在のインターネットコミュニティの先駆的役割を担った。

やっとVISTA

会社で五年使っていたメインのデスクトップXPマシンがこわれた。パソコンも五年使えば寿命ということだろう。だいたい今までパソコンは三〜四年で更新していたわけで五年は異例に長い。もちろんこんなに長く使ったのは、買い替えるとVISTAにせざるをえなくなるので敬遠していたからだ。XPは安定したOSで二一世紀初頭をかけぬけてくれた。自宅の私的なパソコンならいざ知らず、仕事で使うパソコンのOSを替えたくなかったのだ。

XPを修理して使うことも選択肢にはあるが、次から次へと故障箇所が出てくるのは目に見えている。VISTAを買ってXPへアップグレードならぬダウングレードという奇手もあるが、世の流れ（というよりマイクロソフトの戦略）には逆らえない。これも潮時だと、VISTAへの転換を決意した。

コンピュータ関係部署に相談すると、CPUがコア2デュオ、メモリは4ギガというスペックの安売りパソコンを手に入れてくれた。前のXPのメモリは五一二メガだったから、ついにメモリがギガを突破である。ギガバイトなんてついこの前まではハードディスクの単位だったのに、いつの間にかメモリの単位になってしまった。これでも値段は一〇万円程度でしかない。印刷の敵がコンピュータだということを考えると、一〇万円でこのスペックのものが手に入るというのを喜んでいいのか悲しんでいいのか。

さてセッティングしてみると、なるほどこのスペックだと快適である。今まで、ノートパソコンなどでＶＩＳＴＡを使ってきたが、正直使いやすいとはいえなかった。ＸＰより動作が鈍く感じてしまうのだ。今回、そのかなりの原因がＣＰＵのパワー不足とメモリの容量不足ということがよくわかった。ＶＩＳＴＡはマシンスペックさえ整えてやれば非常に快適だ。

残念ながら、セキュリティがやたら煩雑なのは相変わらずである。煩わしいが、こちらはセキュリティに気を配ってくれているのだから我慢しよう。問題なのはアプリケーションソフトの対応である。

ＸＰで動いても、ＶＩＳＴＡでは動かないソフトがあるというのは聞いていたが、とにかく動かないのが多すぎる。ＤＴＰ関係、画像処理関係はほぼ全滅、フリーのツール類もまずだめ。一番困ったのは、ＢＡＳＩＣなどの開発言語が動かないことだった。これでは一からプログラムを書き直すしかない。

しかもインストールしてみるまで、動くか動かないかがわからない。最近のソフトならば「ＶＩＳＴＡ対応」とか書いてくれているが、少し前のソフトはパッケージを見ても、「ＶＩＳＴＡ対応」するともしないとも書いてない。ＶＩＳＴＡより前に売り出されているわけだから当たり前なのだが、苦労してインストールしたあげく、動かなかったり動作がおかしいときは心底消耗する。致命的なのは、京都ローカルの話題で恐縮だが市役所の電子入札ソフトが動かないことだ。

重要なソフトから入れ替え始め、まともに動かなかったら代替のソフトを買ったり、VISTA対応のバージョンにアップグレードしたりといちいち手間がかかる。すべてを入れ替えて、これでほぼ移行できたなと思えるまで二週間。完全に支障がなくなるまで、一ヶ月である。これではVISTA移行が進まないはずだと思った。XPからVISTAのようなOSのアップグレードはいたしかたないとしても、少なくともアプリケーションソフトはXPのような以前のバージョンでも動いていたら、無条件でVISTAのような新しいOSで使えるようにはしてもらいたいものだ。結局、件の市役所の電子入札ソフトは古い共用XPマシンに移し替えざるをえなかった。しかし入札のたびに共用パソコンに移動するのはあまりに面倒である。

まあ、ここまで苦労しても、VISTAならではの便利さというのがなかなか実感できないのは情けない。

CPU（中央処理装置）

コンピュータの本体部分。この性能がほぼコンピュータ全体の性能を左右する。コア2デュオはインテル社の商品名。

電子入札ソフト

役所などで導入が進んでいる、インターネットを通じて入札を行うために使うソフト。たいていはお役所ごとにシステムが違うので独自のソフトをインストールしなければならない。二〇一〇年六月には京都市の電子入札ソフトもＶＩＳＴＡ対応になりました。

ＸＰを捜せ

ウィンドウズＸＰにかわるＯＳとしてＶＩＳＴＡが登場して三年。普及は進んでいるのだろうか。こと我が社に関して言えばＶＩＳＴＡマシンは全台数の五％にも満たない。その五％も実験用とか、ＶＩＳＴＡ入稿時の変換用に導入しているだけで、まだ全体のシステムはＸＰで動いているというのが実際のところだ。うかうかしているうちに最新ＯＳ７も出た。

印刷会社にとってＯＳの変更は鬼門である。通常のオフィス用途に比べて印刷用のシステムはハードやＯＳに依存する場合が多く、ＯＳを変更するだけで今まで動いていたソフトが動かなくなったり、文字が化けたりする。これでは、ＯＳのバージョンが上がったからといって、おいそれと変更するわけにはいかない。

ここでも再三書いてはいるが、ＶＩＳＴＡというのはなんであんなに使いにくいのだろう。どうにもいらぬトラブルが多すぎる。使い方に慣れていないということは割り引いて考えても、すんなりと動いてくれない。特にセキュリティ面があまりに煩雑である。いちいち、オンラインソフトを立ち上げるだけで「危険性があります」と表示されても対応のしようがないではないか。安全性を高めるということが、ＶＩＳＴＡの最高のパフォーマンスというのはわかっているし、セキュリティの重要性は納得しようと思うのだが、やはり使いにくいという印象はぬぐえない。

セキュリティと使いやすさは両立しえないものなのだろうか。

だがＶＩＳＴＡを嫌ってばかりもいられない。今では新規にパソコンを買うとなると買い換えるのにＶＩＳＴＡかウィンドウズ7しか選べなくなりつつあるのだ。コンピュータはどうしても経年劣化していく。大事に使っても五年もすると原因はさまざまだがつぶれていく。会社に一〇〇台パソコンがあって、平均五年使うとすると、毎年二〇台はつぶれて買い換える必要があることになる。今後、つぶれて買い換えるときはＶＩＳＴＡや7ということだ。五年もすれば全台ＶＩＳＴＡ以後のＯＳに置き換わる。

そこまでわかっていて、社員はいまだ圧倒的にＸＰが欲しいと言う。ＸＰで今それほど困ってもいないのだ。ＶＩＳＴＡには画期的新機能があると言われてきたが実感しにくい。ＶＩＳＴＡの目玉といわれた画面が次々にくりだすフリップ３Ｄなんて使っている人を見たことがないし、最近では宣伝もしていない。ソフトの対応も遅すぎる。メジャーなソフトはＶＩＳＴＡ対応が進んでいるにしても、マイナーなソフト、以前にも書いた入札ソフトのようにどうしても業務に必要だったりすると、ＶＩＳＴＡパソコンに換えるわけにもいかない。

もっとも、社内のＶＩＳＴＡ化が進まない最大の原因はＶＩＳＴＡそのものに起因するのではなく、部署での一台目のＶＩＳＴＡ使いになりたくないという社員の無言の意志だろう。新ソフトでも新ＯＳでも、最初の一台目の使用者にはならないというのは、日常的にコンピュータを使った仕事をする者にとっての処世術であるようだ。誰かが使って充分にトラブルを経験して、それから自分も新ソフトや新ＯＳを入れたいということだ。二台目以降の使用者ならば、先人のトラブルを充分に聞かせてもらえるので、安全だし、よしんばトラブルが起こっても最初の一台目のときのように、ソフト会社のサポートに連絡したり、電子掲示板に書きこんだりして情報を得なくても、隣に座っている一台目で苦労した同僚に聞けばいい。たとえそういう苦労があるにしても、社員には最初のＶＩＳＴＡ使いになろうという積極性が欲しいとは思うのだが、最初は積極的だった連中にあまりに苦労をかけすぎたな。

かくてＸＰ大捜索作戦が開始されるが、巷から新品のＸＰパソコンはどんどん消えている。あっても意外に高かったりする。未来を考えるとＸＰとばかりも言っておられない。マイクロソフトの術中にはまっているような気もするが、そろそろＶＩＳＴＡ完全移行への決断の時期かなとも思う。全台交換には数年かかるだろうが、いずれは実行せねばならないことだ。と思いつつ、現場に行ってみると相変わらず「新品ＸＰを捜せ」の大号令である。

ウィンドウズ7

本書執筆時点では、マイクロソフト最新のＯＳ。このコラムの初出時はまだ発売されていない。そもそもここにも書いているようにＶＩＳＴＡ化ですらまだほとんど進んでいない。

東京事務所のＶＰＮ

「京都の若旦那」という私のハンドルネームは京都で会社を経営しているゆえなのはご存じの通り。文化都市京都は大学や出版社の数も多く、結果として印刷会社も多い。しかし、それは他の地方都市に比べればというだけで、やはり文化発信の中心地は東京だ。東京の大学や出版社の数は京都とは一桁、いや二桁違うかもしれない。東京に比べれば京都の市場規模はあまりに小さい。

東京の印刷会社のみなさま、ごめんなさい。私どもも東京に事務所を設けております。東京の大きな市場のかけらでも我が社にいただければと思っているのだ。インターネット時代はメイル営業が大流行りだけれど、やはり校正受け取りと称してクライアントのところで、世間話をするというのは営業の基本だ。東京で仕事をとろうと思えば、どうしても人のいる事務所を開設する必要がある。ということでご容赦のほど。

だが、ここにきて問題発生である。コンピュータが京都と東京では連携がとれないのだ。京都本社ではクライアントサーバーシステムで、営業が受注情報を直接入力すれば、全社すべてで受注情報を共有できるようにしている。請求も見積もりもみんなその受注データを元にしてできるようになっている。受注伝票や請求書控えを紙ベースで集計したり、コンピュータに入力して運用していた頃に比べるとずいぶん便利になったのだが、このシステムが東京では使えない。京都と東京の間では当たり前の話だがLANが通っていないからだ。東京で受注した仕事をコンピュータに載せるには伝票を東京で書いてファックスで京都へ送り、これを京都で入力する必要がある。これは面倒だし、東京では京都で入力した情報を参照することもできない。しかもコンピュータシステムの最大のメリットであるリアルタイム処理にならない。同じ会社でありながら、東京事務所はことコンピュータシステムからいえば蚊帳の外なのである。

電子メイルやその添付ファイルを使えればある程度は情報の共有らしきことはできるが、「らしき」であって、真の統合クライアントサーバーシステムではない。もし、京都と東京を同じコンピュータシステムで回そうとすれば、銀行のオンラインシステムで使うような専用線をひくしかない。こんなこと、一介の中小企業には無理だ。

と思いこんでいたのだが、技術はどんどん進む。簡単な方法があるというのだ。VPN(Virtual Private Network)というのがそれだ。これがまたすごい技術なのだ。私はこれを社員に紹介されるまで知らなかった。案外、VPNというのは言葉は知られないまま、広範に使われている技術かもしれない。なにがすごいといって、インターネットを使ってあたかも専用線を使っているようなLANシステムが構築できてしまうのである。あの誰もが好き勝手に情報を流したり、拾い上げたりするインターネットを使ってである。これはインターネット上を流れる情報を第三者が進入・傍聴・改竄しにくくする技術のたまものといっていいと思う。

ＶＰＮを使うと、東京事務所から京都のサーバーが完全に見える。もちろん問題となっていた受注入力も東京で入力すれば京都でもリアルタイムで参照できる。逆もしかりだ。京都で組版したＤＴＰデータを東京のコンピュータのプリンタから出力したりもできる。これだとファックスよりも早くて安い。東京京都間のファックスなどまったく必要なくなってしまった。まだ導入したばかりで、京都と東京の間で業務管理システムが共有できたぐらいで感激しているわけだが、これはもっと発展できそうだ。特にＤＴＰデータは遠隔プリントアウトだけでなく、遠く離れた事務所同士でＤＴＰの共同作業などができてしまうだろう。インターネットにとっては、京都と東京も、京都とニューヨークもまったく差がないわけで、もしかすると、国際的な共同組版なんてことも可能だろう。

これが日本に仕事をもたらす方として機能するのか、仕事が流出する方として働くのか、これから勝負だろうなあ。

クライアントサーバーシステム
コンピュータの運用の一形式。サーバーといわれるところにデータを集約し、必要なときはそのデータをサーバーに読みに行き、書き換えたらまたサーバーに戻す。会社のどの端末（クライアント）からでも同じデータが共有できる。クライアントは普通のパソコンでよい。

やっぱりＢＡＳＩＣ

また昔話で恐縮だけれど、印刷会社にパソコンが入り始めたころ、何か作業をしようと思ったら、プログラミングする必要があった。できあいのソフトなんてないのである。文字コード変換だろうが、経理だろうが、何かコンピュータでやろうと思ったら、一からプログラミングしなければならなかった。パソコンソフトの流通は市場すらなかった(これを市場化し事業の出発点としたのがソフトバンクの孫正義である)からしかたがない。言語は、あのＢＡＳＩＣである。というよりパソコンでも使用可能なのはＢＡＳＩＣしかなかったと言っていい。

今にして思えば、ＢＡＳＩＣというのは本当によくできていた。というか、どんな環境でも簡単に動いてくれた。とにかく、いきなりコンピュータにコードを打ち込むだけで動いてくれたのである。なにも表示のないコンピュータのまっくろな画面にこう打つ。

```
10 A = 1
20 PRINT A
```

そして RUN とキーボードをたたくと、

と表示される。これは「Aという箱に1を格納せよ」「Aという箱に入っているものを表示せよ」という意味なのだ。当然Aに格納した1が表示される。原理はそれだけ。あとは、いくつかコマンド（For「くりかえせ」とかIf「もし～ならば、○○せよ」）を覚えるだけで、結構複雑なことをやらせることができた。たとえば、For（くりかえし）を使えば、必要回数、同じ文字を表示させることができたし、If（条件）を使えば、Aに入っている文字がある数字以下のときなら表示させたりすることができる。

　またＢＡＳＩＣはそれまでのコンピュータプログラム言語と違って、文字（ストリングス）処理機能が充実していた。文字を取り出したり、文字と文字をつなげたりという芸当が簡単にできた。電算写植の前処理にはずいぶん活躍してくれたものだ。

　しかし、コンピュータがマッキントッシュやウィンドウズといったグラフィカルユーザーインターフェースの時代になると、プログラムは素人の手に負えるようなものではなくなってしまった。プログラムは玄人が書き、素人はそうして作られたワードやエクセルといったアプリケーションソフトを機能として使うだけ。そのソフトがどういう原理でどのように動いているかなど知りようもないという時代になってしまった。

こうしたできあいのアプリだけでほとんどは用が足りるのだが、やはり、それだけではできないこともある。操作が面倒なときもある。昔、ＢＡＳＩＣで作ったようなかゆいところに手の届くプログラムを書きたくなるときがあるのだ。

確かに今でもＢＡＳＩＣと名のつく製品はある。たとえばVISUAL BASICというやつだ。これの習得を試みてみたがお手上げ。いったいこれがＢＡＳＩＣかと毒づきたくなるくらい複雑怪奇。うまく使えれば、ウィンドウズで動く華麗なグラフィカルユーザーインターフェースのソフトが作れるというのだが、そんなことがやりたくてＢＡＳＩＣをやっているのではない。本当にちょっとした文字列操作とか、自由な並べ替えとかがやりたいだけなのだ。

そんなとき、パソコン雑誌の記事で目に入ったのがＶＢＡだった。エクセルなどのオフィス系のツールとしておまけについてくるので、ご存じの方も多いと思う。ＶＢＡとはVISUAL BASIC Applicationで件のVISUAL BASICの一種に違いはないのだが、はるかに使いやすい。最初はちょっとわかりにくかったが、エクセルの機能と併せて考えると理解できる。そしてこれがあのＢＡＳＩＣそのものだったのである。なぜこのことに早く気がつかなかったのだろう。今の若い人はマクロの延長として使うのだろうが、我々ＢＡＳＩＣ経験者はまさにプログラミング言語として使える。懐かしい。昔の楽しきＢＡＳＩＣの時代がよみがえってきた思いだ。手練れになってくると、エクセルのおまけのＶＢＡでシューティングゲームまで書いてしまう強者がいるという。早速そうしたゲームアプリをインターネットからダウンロードして、中身をのぞいてみる。「おお、コードが読める。何をやらんとしているかがわかる」。

やっぱりコンピュータはプログラムができてこそおもしろい。

VISUAL BASIC

先にも書いたＢＡＳＩＣの一種。その名の通り、数字と文字の羅列ではなく目で見てわかりやすい画面を駆動するプログラムが書ける。ウィンドウズで運用するようなものでもプログラムにＢＡＳＩＣを使用できるのでとても便利なはずだ。使えれば。

ツイッターにはまる

ツイッターにはまっております。

知らない人のために、ツイッターのツイットとは元々小鳥のさえずりのこと。小鳥のさえずりのように短く一四〇字までのメッセージを発するというものだ。日本では「つぶやき」と言っている。ただし、全世界のつぶやきを表示すると大量のつぶやきが世界中から流れこんでくることになり、読めたものじゃない。だから、読むつぶやきを限定する。こうすると、自分に興味のあるつぶやきだけが表示されることになる。

つぶやきといっても、本当に雑談に近いものから、一四〇字に短くまとめた評論、新聞社などからのニュース配信までなんでもある。ツイッターを眺めているだけで、最新の情報が目の前を流れていく。勝間和代や堀江貴文といった有名人のつぶやきも、個人的な友達の個人的つぶやきもどんどん入ってくる。

読むだけなら新手の情報ツールということなのだけれど、「はまる」状態になるのは、こちらもつぶやけるからだ。私のつぶやきもまた誰かが読んでくれることになる。そしてそのつぶやきに反応がある。挨拶だけだったり、つぶやきへの意見だったり、質問への答えだったりする。これが全世界のツイッター人たちとつながっている感じがするのだ。これがおもしろい。全然知らない人とあっという間に知り合いになれるという楽しみ。有名人からも運がよいと、返事が来たりする。

二十数年前電子掲示板が始まった頃の興奮を思い出した。あのときも、ネットの世界で新たな出会いと、交流を楽しんだものだ。でも電子掲示板は年月がたつとともに荒れていった。最初の頃は、ある程度金銭的にも余裕があり、コンピュータに強いという言わば特別な階層が集まっていた場所だったから、それなりに抑制もあった。それが安価で簡単になり、誰でも参加できるようになると、とんでもない人が次々乱入して、喧嘩や宣伝や名誉棄損がはびこって読むに耐えなくなった。

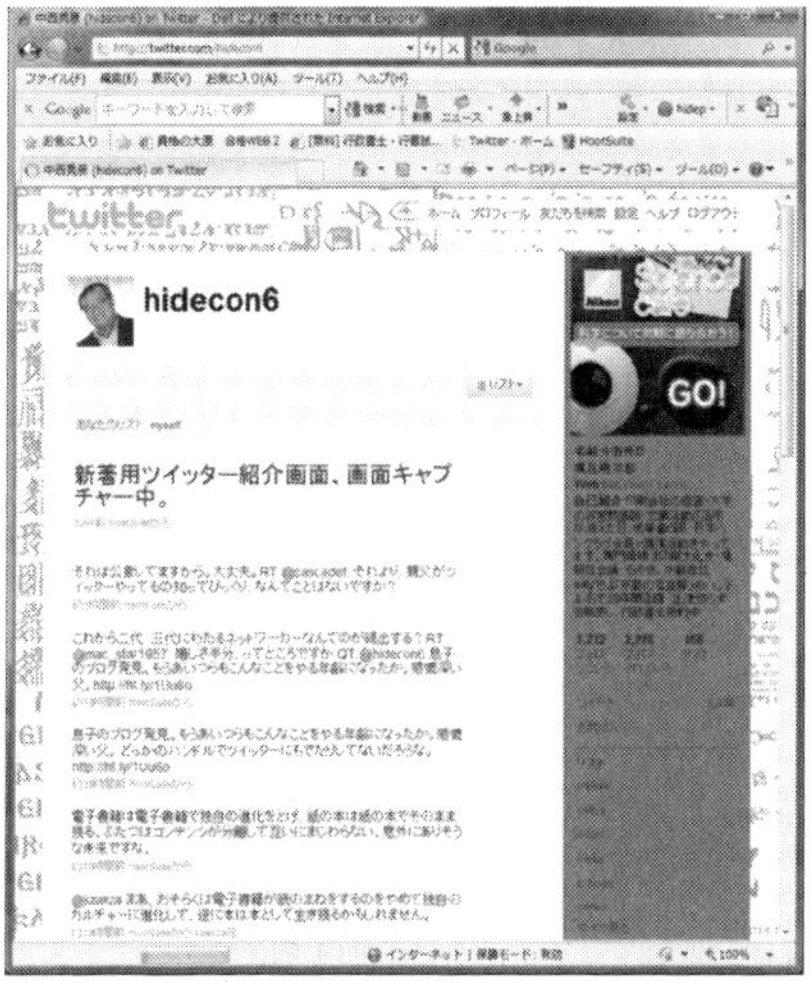

ツイッター

その後、ブログやSNS（ミクシィなど）の流行もあったが、いま一つ、乗りきれなかった。正直、おもしろくなかった。ブログはホームページを簡単にしただけだし、SNSは掲示板の亜流にすぎない気がした。あれやこれやで掲示板を離れて一〇年。ネットでは目立った活動はしていなかった。浮き世の義理が忙しかったこともある。

電子掲示板から始まったネットコミュニティがどんどん進化している。印刷は一方通行に偉い人の原稿を一般大衆に広めるために多大な役割を果したしたわけだが、ネットコミュニティは双方向。これは革命的な変化だった。一般大衆の言説なんかたいしたことはないと思われていたが、「三人寄れば文殊の知恵」、大きなネットコミュニティは専門家一人の知恵をはるかに凌駕する。

しかしネットコミュニティには、ゴミのようなくだらない書きこみの中からいい情報を探し出すのが難しいという致命的欠陥があった。ツイッターはさてどうだ。意外にこの読みたい人のつぶやきだけをフォローするという単純なシステムがうまく機能することがわかる。しかも冒険して新しい人をフォローするにも色々便利なしかけがある。

紙の文明から、ネットの文明へと変化するこの大きな流れは単純に情報伝達のハードのシステムが変わったのではなく、一方通行から双方向へと情報の流れそのものが変わったのかもしれない。

ここまで書きながら、今、ツイッターが気になってしようがない。実はこの原稿を書いているパソコンの別ウィンドウでツイッターを流しっぱなしにしているのだ。三分前に打った私のつぶやき（メッセージ）にもう反応が返っている。そして、原稿を書きながら発したちょっとしたつぶやきが、すでに転送（リツイート）されて、どんどん広まっているのが手にとるようにわかる。

これが気になって、原稿の生産性が低いこと低いこと。

追記 この本の校正時点ではSNSの利用者を数で上まわったとか、選挙運動への利用が是か非かの論争など、ますます社会的に注目を浴びる存在になっている。私はといえば、のめり込むような時期は過ぎたが、あいかわらず、別ウィンドウにはツイッターの画面を出しっぱなしである。

ＩＴ時代の中小印刷業

最近「コンピュータ」という言葉は使わなくなりつつあるのだろうか。この本の初出となった連載の元の題は「コンピュータ奮闘記」だったが、編集部からの要請もあって「ＩＴ奮闘記」へ変えた。

この題名の変更には象徴的な意味合いがある。「コンピュータ」といえば会計用語では装置・器具・備品にあたる。要するにモノのことだ。私は、このモノをいかに使いこなすか、このモノの導入で印刷屋になにが起こったかということをえんえんと書き続けてきたわけだ。最初は活版から電算写植に変わった現場のとまどいといった話がとにかく望まれた。やがてＤＴＰが入りＣＴＰが登場し、それに関するエピソードも書いたが、あくまでモノにまつわる話でしかなかった。

ところが、現在の印刷屋ではコンピュータは生産するための装置というだけではない。典型的なのがインターネットを通じた原稿のやりとりや校正の送付。ここではコンピュータは生産機器ではなくて、通信機器である。そして、製品としてのインターネットコンテンツを扱うとき、コンピュータというモノはうんと背景にさがってしまい、見えているのはコンテンツとソフトウェアだけである。このコラムのネタ自身も、キーボードと専用ディスプレイを備えた典型的なコンピュータの話題だけではなく、情報化社会(とそれにまつわる印刷)そのものに関する話題が増えている。

コンピュータはもはや社会のインフラとして当たり前の存在となった。そして最近はコンピュータはコンピュータの形をしていない。さまざまに形態を変えつつ、社会の隅々まで入り込んでいる。実際、インターネットのできるテレビとか、本そのものに貼る電子タグとか、身のまわりにはコンピュータが形を変えた情報機器があふれている。そうした情報技術の総体を今はＩＴ(Information Technology)という。だから新しい題はコンピュータからＩＴへと変えた。このコラムも、印刷をめぐるコンピュータという道具の話から、印刷をめぐるＩＴそのものの話題へと展開していくというか、もう展開しちゃっているので、改名したというわけである。

そういえば、昔よくお世話になったパソコン雑誌というものもすっかり減ってしまった。長年、愛読していた『朝日パソコン』が使命を終えたとして休刊してしまったし、かのパソコン雑誌の草分けにして雄『ASCII』もいつの間にかパソコン誌からＩＴを中心としたビジネス誌に変わってしまっている。道具としてのパソコンはもはや、雑誌の対象にすらなっていない。一つにはパソコン雑誌を読むような層が、情報収集の第一にインターネットを使うようになったということがあるだろう。しかし、真の理由はパソコンというモノの話題だけでは読者をつかめなくなったということだろう。パソコンが動くのは、もはや当たり前。その上になにを築くのかが問われている。

印刷屋もコンピュータを使うのは当たり前。その上で、どうやってＩＴ社会に居場所を見つけるかがこれからの印刷業の課題なのだ。もちろん、徹底して紙にこだわり、ＩＴとは別のところに自分の会社を置いてしまうというのも一つのあり方だろうとは思う。だけれど、インターネットと真っ正面から競合しているほとんどの印刷会社はＩＴ社会の中でなにができるかを模索し続けねばならない。

「ＩＴ印刷屋」こそ、これからの生きる道ということか。しかし、「ＩＴ印刷屋」という言葉にすでに手垢のついた印象があるのはなぜだろう。このコラムだけは手垢のつかないようがんばらないと。

CTP

Computer to Plate のこと。コンピュータからフィルムを経ずに、いきなり印刷機に組み付ける刷版を出力してしまう技術あるいはその機械。これ以前は巨大なフィルム製版装置をふりまわすのが製版工程だった。

第三章　ネットに転ずる印刷業の行方

活版を知らない子供達

新入社員に印刷の歴史を説明していてあらためて思い起こした。もう活版を廃止して二〇年近い歳月が流れたのだ。もちろんこの新人たちは活版を知るわけがない。たぶん、話にも聞いたことがないだろう。「活字文化」という言葉はあるにしても、その本来の意味など知る人ももう少ない。

表題。もちろん、「戦争を知らない子供達」のパロディである。今、ウィキペディアを叩いてみると、「戦争を知らない子供達」は一九七一年にレコードが発売されている。戦後二五年目ほどの歌だったことがわかる。二五年つまり四半世紀もたつと、世代が入れ替わり、前の時代のことを知らない子供達も成長する。前の世代が、戦争の頃は大変だと言っても、戦後に生まれた子供達にとってみれば、生まれる前の話。直接の戦争体験ができるはずもなく、それはお話として歴史として聞くしかないということだ。

我が社は活版の廃止が比較的遅かったから、活版組版最後の日は一八年前だったけれど、そのころでももう活版は事業の中心ではなかった。一般的にいって活版が印刷の中心から消えて、そろそろ四半世紀になる。最近の新入社員にとっては活版はまさしく私の講義で聞くだけの存在になりつつある。というより、説明されても活版の原理そのものがぴんとこないらしい。少し前までは、学校でそう習うためか、かなり若い世代でも印刷といえば活版のイメージが強く、「現在の印刷は活版じゃありませんよ、コンピュータで作っていますよ」と繰り返さねばならなかった。印刷工場見学に来た子供が思っていた工場とあまりにイメージが違うので、とまどいを隠せなかったのを思い出す。

今では、印刷会社に入社してくる者でさえ「活版？ 何それ？」の世界である。もちろん、活版を知らなくたって、今の印刷会社で生きていくには困らない。技法的にも、活版とコンピュータ平版印刷はまったく切れている。活版で身につけなければならなかった知識とコンピュータ平版印刷で必要な知識が一致するところは多くない。

だが、活版は歴史として奉っておくだけでいいものだろうか。鉛活字の重みをもう一度思い出してほしい。少なくとも五〇〇年間、鉛活字とそれによって作られた大量の本が文化を支え続けたわけだ。そして本の流通と知識の拡散から、宗教革命が起こり、市民革命が起こった。つまり近代が始まったのも活版があればこそなのである。書物の流布による知識の蓄積ということがなければ、新しい思想の普及も科学の発達もなかった。蒸気機関も原子炉も飛行機も活版によって世界中にその技術が伝えられ、普及した。現代の豊かな生活はすべて活版のもたらした知識の大量複製によってもたらされたのだ。我々印刷人はそのことを誇りにすべきだし、もっと自慢してしかるべきだとも思う。

もちろん、知の蓄積を担う役目は活版がなくなり、コンピュータ平版の時代になっても印刷業が受け継いだわけだが、鉛の時代とはその重みが違う。鉛の時代は印刷しか文化の伝達を担えなかった。今や、テレビやラジオ、そしてインターネットがある。文化の伝統の中で、どうしても印刷の比重は大きくない。

今、印刷人はインターネット革命の前で翻弄されている。インターネット広告費が新聞広告費を上回ったという。すでに雑誌広告はインターネットのはるか後塵を拝している。こんな環境の中、ともすれば、印刷こそ文化の中心であるという矜持さえ失いかけている。単なる産業。単なる職業と成り果てている。だからこそ、活版を忘れてはならないのだ。ずしりと重い活版が文化を支えたという事実と我々はその後裔だという誇りを忘れてはならない。このことを、ことあるごとに新入社員に語ろうと思う。活版を知らない子供達には、活版のことを語り続けねばならない。それが活版とコンピュータの時代の両方を生き抜いた我々世代の務めだと思うのだ。

この台詞、電算写植だＤＴＰだと盛んに旗をふってた二〇年前の私にプレゼントしたいなぁ。

ペーパーレスの自己矛盾

印刷業界の必須要件となりつつあるプライバシーマークに引き続き、ＩＳＯ１４００１の取得を目指している。しかし印刷屋が、これら取得のための社内体制作りを行えば行うほど、自己矛盾を感じてしまうのだ。どちらの規格も改善の具体的方策となるとペーパーレスを目指すことになってしまうからである。

まず、プライバシーマークだ。これをとろうとすると紙の上の個人情報がやりだまにあがる。紙の上に書かれたものは容易に流出してしまい、誰でもが見てしまえるというのだ。確かに紙の保持は匿名でも可能だし、個人情報を持ち出されてコピーされても、元の紙を戻されたら、情報漏洩の犯人特定も難しい。それを防ぐためには全個人情報をコンピュータで管理しサーバーに載せてしまえばいいとなる。そうすれば、個人情報へアクセスできる人間が特定できるし、アクセスログを確実に保存しておくことで、誰がそこへアクセスしたか明確にわかる。これが最大の個人情報(特にデータベース)漏洩への牽制になるというわけだ。この理屈だと、名簿の印刷なんてもっての他ということになる。

ＩＳＯ１４００１環境規格の方は、環境負荷に対する「継続的な改善」を求められる。すると最後には「紙の削減」に行きつかざるをえない。最近の印刷屋はトリクロロエチレンなんて危険なものも使わないし、煤煙も水質汚濁もまあ問題ない。印刷機の騒音と振動がちょっと厄介であるにしても、対策はとれる。この上でさらに継続的改善を求められるわけで、結局のところ「紙の削減」ということが俎上にあがってこざるをえないのである。たいていの指南書にも載っているし、コンサルタントも異口同音に言う。「紙の消費は森林資源の浪費で、廃棄後の処分の問題も含めて問題が多い。紙の消費を減らしましょう」。

とどのつまり、ペーパーレス化は企業の社会的責任ということになっているらしいのだ。社会的責任を考えず、自己都合だけで印刷物を作り続けることはもはや社会が許さない。いや環境ということで言うなら、地球が許さない。このまま人類が自分勝手に生きていけば地球が滅びるということか。

印刷屋は、名簿であろうが何であろうが、紙を使って大量に印刷物を作るのが仕事だった。それが、ダイレクトメイルのように個人の郵便受けを詰まらせようが、新聞チラシのように読まれもせず捨てられようが、専門書のように本棚の中で死蔵されようが、それは印刷屋にとっては預かり知らぬことだった。印刷屋は印刷物を作るのが仕事であって、それを作る目的は印刷屋にとっては関係なかった。結果として、個人情報の流布に手を貸し、環境を悪化させる一端を担ってきた……わけか。

今後はクライアントの言うままに印刷物を作るのではなく、その意味をより明確にし、社会の中で正しいあり方を提案していくのが印刷屋のあり方ということになる。むろん、プライバシーマークもＩＳＯ１４００１も別に紙を絶対に使うなと言っているわけではない。適切な使い方を目指せばいいだけのことだ。必要であり、紙以外に代替物がなければ紙を使って印刷すべきなのだが、そうでないものは勇気をもって受注を断るべきだろう。

それでも、我々は紙の消費量がそのまま売り上げの増加であり、利益の増加である印刷屋を営んできたというのは動かしようがない。私たちの営みとはすなわち悪だったということになるのだろうか。この点を考えるとペーパーレスをもって善しとする考え方に生理的に納得がいかない。もちろん、どこからどう考えても、環境や個人情報保護は正義である。正義は正義として認めるが、印刷という仕事は社会にとって有益だと考えて邁進してきた印刷屋の誇りはどうすればいいのだろう。まあ、こんな疑問をもってしまうこと自体が時代遅れなのかもしれないけれど。

プライバシーマーク
日本工業規格「JIS Q 15001 個人情報保護マネジメントシステム―要求事項」に適合して、個人情報について適切な保護措置を講ずる体制を整備している事業者等を認定する制度。印刷屋は名簿とかＤＭとか個人情報に関わる場合が多く、取得しているところが多い。苦労してます。

ＩＳＯ１４００１

環境に関する国際基準を満たした事業者に付与する。印刷業界でも一時取得するのが流行った。当社でもこの後取得したが、手間暇かかる割にメリットが少なく放棄した。

トリクロロエチレン

乾いてこびりついた印刷インキをとるのに以前はよく使われた化学物質。毒性が非常に強く、現在ではまず印刷業界では使わない。商品名トリクレン。

色の道は険しい

色の標準さえ決まっていれば、色校もなにもいらないという「ターゲットカラー」という概念がある。日本中たとえばジャパンカラーというターゲットを基準として定めておけば、違う会社同士でもそれを元にカラーのデータから同じ色を表現できるということだ。こう書くと当たり前のようだが、これはきわめて難しい。コンピュータの画面発色基準、色校正の発色基準、インキの発色基準とそれぞれ違うからだ。まったく違う発色のものを数値だけで合わせるのは無理というもの。今でも、ほとんどの印刷会社では、こんな客観基準なんかに頼らず、印刷職人が色校正とにらめっこして色を合わせている。

ただ、グローバル時代になるといやでも対応せざるをえない。海外ではそもそも職人芸が発達していないので、色はとにかくターゲットカラーで決めようとなってきている。とある海外のクライアント。入稿してきたデータには色校などついていない。色校を欲しがるのはきちんとデジタル工程とカラーマネジメントが確立していないからだと言わんばかりの入稿のしかたである。しかも、ターゲットはジャパンカラーであるわけがない。相手は日本じゃないんだから、標準が「日本の色（JAPAN Color）」というのは期待する方が無理だ。案の定、「SWOP」というのが、そのターゲット指定だった。調べてみると、世界には主に三つのターゲットが存在するらしい。一つはジャパンカラーだが、あとはアメリカ中心のSWOP、もう一つはヨーロッパ中心のEuro Colorである。

ターゲットが決まっていたのならあとは簡単。SWOP基準で刷ればいい……はずなのだが、だんだん恐るべきことがわかっていくのである。まず、日本ではSWOP準拠のプロセスインキ（4色インキ）が手に入らない。ターゲットカラーという奴、つまるところインキの標準化の問題である。たとえ製版段階で完璧な調色をしたとしても、違うインキを使えば違う色になってしまう。これは理の当然だ。だから、ターゲットがSWOPならSWOPのインキが手に入らなければどうにもならない。どこか探せばあるだろうと思っていたがそんな単純なものではなかった。SWOPのインキは日本では手に入らないというのだ。

インキというのは含有化学物質の基準が厳しい。本は子供が舐めるかもしれないと言われたら本を刷るインキにどんな厳しい基準をつけられたって反論のしようもない。そしてこうした安全基準が国によって違う。SWOPインキを日本で輸入するとすれば、大変煩雑な手続きが必要で、とてつもなく高価になってしまう。百歩譲って手に入ったとしても、毎日ジャパンカラー標準のプロセスインキで大量の印刷物が流れていくなか、SWOP標準のときだけインキを全部入れ替えるなんてことは、現実的ではありえない。

考えた結果、SWOPの色特性をジャパンカラーの色特性に変換するプログラムを書けばいいのではないかと思いついた。デジタル世代にふさわしい発想の転換と思っていたが、やはりここもインキの特性を完全に再現することは無理ということがわかった。ＤＤＣＰやトナー系のプリンタではそういう近似するオプションもついているが、オフセットに関してはインキ特性の壁がどうにも立ちはだかってしまう。いいアイデアだと思ったんだが。

ここにいたって原点にもどることになった。同じデータをジャパンカラーとSWOPで刷った場合、どれだけ違うのかを確かめてみることにした。SWOPインキは手に入らないから、ＤＤＣＰで比較してみる。正直言って、あまり違っているようには見えなかったが、実際に測ってみるとやはり違いはある。

最後にできること。SWOPで作ったＤＤＣＰを色校正代わりにして、ジャパンカラーで刷るということだけだ。現実的な判断としてはしかたがない。

もちろん、諸兄。ご指摘したくなるのはわかってます。これでは印刷機オペレータの負担が大きすぎて、ちっとも色の標準化のメリットが出てこない。第一ＤＤＣＰとはいえ、紙の校正を使ってるから、ターゲットカラーを使っている意味がない。わかっているのだが、それしかない。何か現実的な方法があったら教えていただきたい。

色の道はどこまでもどこまでも険しい。

ＤＤＣＰ

Direct Digital Color Proofing　オフセット印刷とカラープリンタでは発色の構造が違う。そこで、オフセットの発色機構にできるだけ似せた出力をコンピュータから出力させようとしたのがＤＤＣＰである。色校正には色校正専用の印刷機があったが、運用がきわめて高価になってしまうため、ＤＤＣＰが使われるようになってきた。もっともカラープリンタの性能も上がっており、最終的にはカラープリンタの一部に吸収され消滅するだろう。

ネット印刷業の誕生

自分で写真集を作ってしまった。私は趣味というほどではないが、花のマクロ撮影が好きで、かなりの枚数の花の写真がパソコンにたまっている。当然、こうなるとハードディスクの肥やしではもったいない。これはと思えるものを人にも見せたくなってくる。もちろんデジカメ付録の簡易アルバムソフトを使ってプリントアウトすればいいだけのことだが、やはり印刷屋が作るのだからもう少し凝りたい。そこでＤＴＰソフトを使って、それらしくレイアウトしてみた。あとはインクジェット専用紙に両面プリントするだけで、もっともらしい写真集ができあがる。

と言いたいところだが、デジカメ写真をレイアウトしてプリントアウトしただけではアルバムの域を出ない。何が違うのか。製本なのだ。写真「集」である限りはやはり「本」のかたちをしていなければならない。簡易製本の器具も数多く出されているが、あまりに簡易なものしかない。クリアファイルに納めたりしても、見るには必要充分だが、「本」にはならない。印刷は簡易であってもそこそこの品質は出るようになっているが、製本だけはどうにもプロのものとは歴然とした格差がある。印刷屋ならばこそ、金さえ出せば豪華な製本でもなんでも可能なことは知っているが、それはあまりに常識からかけ離れた金額であって、商談はそこでストップ。

実は、ネットを使った写真集作成サービスを利用したのだ。現在、インターネットのブラウザ上で、商品が買えたり、列車の予約ができたりするのは当然になってきている。最近の高成長ネット企業のビジネスモデルはたいていこのネットビジネスである。印刷業界にも浸透しつつあって、インターネットのブラウザ上で印刷の見積もりや発注ができたりするサービスを行っている印刷会社は数多い。

ネットの写真集作成サービスでは、手持ちのデジカメ写真をブラウザからこのサイトにアップロードするところから始まる。あとはこの写真をブラウザ上で、配置していくだけだ。全体のページ数は一定、一ページに入れられる写真も一枚だけ、キャプションのデザインも表紙のデザインも一定である。ずいぶん制約が多いなとは思ったが、これで部数を指定して発注を確認すると、一週間ほどで綺麗に製本された写真集が送られてくる。物は試しというくらいのつもりで作ったのだが、これがいい。家族や知人に配ったら、「さすが印刷屋さん」という表情をされた。価格もそれほど高くはない。

ちなみに今回作った写真集をうちの営業に見積もりさせてみたら、とてもこんな値段ではできないという。結局、ページ数が決まっている、デザインが決まっているというところが鍵なのだ。まったくのオーダーメイドで作ったのでは、とてつもない価格になってしまうが、デザインとページ数がすべて同じということで、他人同士の写真集でも、同じ製本のラインに乗せられることになる。こうした標準化で製本代はじめ大幅なコストダウンができるとみた。

こういう商売は別にネットでなくても可能なわけだが、営業が間に介在すると、どうしても特殊な仕様を引き受けてしまいがちになるし、人件費もかさむ。ネットなら徹底的に杓子定規に仕様を統一できる。結果として個別の小さな注文をまとめて大量生産の商売にでき、いわゆるロングテール商売となる。注文生産が絶対と思い続けてきた印刷業にもこういう業態がありうる、というか可能になってきたわけだ。

残念ながらこのビジネス、うちの発案ではない。よその会社の事業なのが残念無念。私はかなり以前から「今後は自費出版写真集があたる」と言い続けてきたのだが、具体的にビジネスにできない間に一本とられてしまった。

Photoback

ロングテール

ネット社会では、普通の商取引では商売の対象とならないきわめて少量生産のものでも仕組み次第で売れる。そうした少量生産のものを多種類集めれば結果として大量のモノが売れる。売れ行き順に棒グラフにした場合、売れ行きの悪い商品が、長く伸びるように描かれることになるため、ロングテールと名づけられた。

改札口から印刷の未来を考える

都会の改札口から人がいなくなって久しい。自動改札が普及して、カード一枚で改札通過になってしまったからだ。ただ、私のように全国を出張して回るような生活をしていると、各土地ごとにカードを別々に揃えておかねばならないのが、悩みの種だった。東京私鉄・公営交通のパスネット、JR東日本のオレンジカード、関西私鉄・公営交通のスルッと関西、JR西日本のJスルーカード、名古屋のユリカードと数え上げればきりがない。財布の中にはその他テレホンカードやキャッシュカード、クレジットカード、各店ポイントカードまで入れているものだから、いざとなると間違える。どれも表の絵柄だけではなんのカードか判別がつかないのだ。結果として、東京の営団地下鉄で間違えてスルッと関西を自動改札に通して、バーに行手をふさがれるというようなことはしょっちゅうだった。

これが、最近ではICカードICOCA一枚でほぼすんでしまうようになった。ICOCAは私の地元JR西日本のカードだけれど、東京のSUICAの地域でもそのまま使える。当然SUICAもICOCA地域で使える。しかも関西の私鉄や公営交通共通のPITAPAの改札口でも使えるようになった。つまりは、関東関西のJRと関西の私鉄・公営交通はICOCA一枚で全部通れてしまうのである。しかもICカードなら、運賃だけでなく、クレジットカードのように物も買える。今のところ駅構内に限られていたりするが、ＩＣＯＣＡ一枚あれば現金を使うことはほとんどなくなってしまう。しかも、カードは改札口で特定位置にかざすだけ。磁気カードのように自動改札に通しもしない。

これだけ便利な上に偽造にも強いというので、ＩＣカードの普及は急だ。いずれは高額の買い物はクレジットカード、少額の買い物はＩＣカードという具合にキャッシュレス化が進むだろう。オレンジカードやテレホンカードのような磁気カード系のプリペイドカードは急速に衰退していくと思われる。

さて、印刷の需要がここでも食われていることにお気づきだろうか。まずは、カードの普及で現金の印刷は減るわけだが、これは財務省印刷局レベルの話だから横に置くとしても、表の絵柄の印刷が減るのは明白だ。一時期テレホンカードをはじめプリペイドカードの表面印刷というのは中小印刷会社のドル箱だった。それこそ、あらゆる領域でプリペイドカードが発売されたから、その恩恵にあずかった印刷会社は数多い。ところがＩＣカードは使い捨てではないのでそもそも数が少ないし、その表面の印刷といっても、テレホンカードのように簡単ではない。あまり印刷会社を潤すとは思えない。

思えば、電波が空中を飛び交うだけで、お金の決済までができる時代というのは、印刷会社にとっては本当に厳しい。印刷会社は紙という物理的実体の加工をメシのタネにしてきたわけで、存在の根本を否定されたようなものだ。情報の伝達に紙という媒体が必要なくなりつつある今、印刷会社の生きる道はないのだろうか。

実はＩＣカードそのものに生きる道があった。

こうしたＩＣカードのベンダーというのは、主に印刷会社なのだ。プリペイドカードの時代から、着々とこうした時代を見越して新時代の印刷会社のあり方を探ってきた印刷会社があるということなのだ。もちろん、こんなことができるのは超大手の印刷会社であるが、我々中小も学ばなければならないところはある。

中小印刷会社は今ある技術を利用しようというところに傾きがちだ。オフセット印刷機があるからオフセット印刷の仕事をとろう、製版機があるから製版の仕事をとろうとする。そのことが極端な価格競争を引き起こしては自滅している。これは順番が逆なのだ。ニーズがあるから、生産するのであって、自社設備を有効活用するために生産するのではない。設備の有効活用という気持ちはわかるが、古い機材の活用にこだわっていたのでは、世の中の速い動きについていけない。それではＩＣカードを作れない中小印刷会社は何を売るべきなのだろうか？

ＩＣカードで改札を通るとき、こんなことを考えつつ。

印刷通販に未来は

何年かぶりに我が社のホームページを改訂した。今までは私が中心になって直接書いたり、仕様をまとめたりしていたけれど、今回は社員にお任せ。我が社ホームページも一〇年にして私の手を離れた。というより、今まで私が何でも抱え込みすぎていたのかもしれない。考えてみれば、私のやっていた頃にはニューメディアだったインターネットも今やすっかりインフラである。インターネットがニューメディアだという私の感覚そのものが若い社員には旧態依然と映るようだ。

今回、私も改訂の参考にとあちこちの印刷会社のホームページを見たのだが、シンプルなものからデザイン的に洗練されたものまで、本当にさまざまなものがある。そして、たまげたのは過激なまでに派手で、「激安」とか「格安」の文字のちらばる印刷通販サイトの多いことだ。印刷通販サイトは電子データをネットを通じて印刷会社に送るだけで、印刷ができあがってくるというサイトだ。名刺やハガキから始まったが、今やカラーチラシ、ポスターや小冊子のたぐいまで通販で取り扱うようになってきている。

正直言って、ホームページに初期から携わってきたものにとって、このスーパーの安売りチラシのような騒々しいサイトは異様に映る。ホームページってそんなに売らんかなの姿勢で作るものだったのだろうか。会社の理想を語り、会社の存在を世に知らしめる。そんなものではなかったのか。もっともこんな感想をもつこと自体、旧態依然の感覚のゆえんなのだろうが。

印刷通販サイトは印刷営業の革命ではある。今まで、印刷の営業というのはＩＴ化した印刷技術に比べてあまり変わることがなかった。活版の頃も今もクライアントに足繁く通い、ご用聞きをして回る。どの商売でもそうだが、取引に当たっては個々の営業とクライアントの人間的つき合いのようなものが実際にものを言ってきた。ところが印刷通販にはこんな人間的つきあいなんてまるでないのだ。とにかく客はデータを用意して、見つけたサイトにデータを送り、できあがった商品を受けとり、金を払うだけだ。もちろん、インターネット通販の常として、メイルによるきめ細かいサポートなどは行っていることと思うが、その様相は一昔前の印刷営業とはまるで異なる。

こんな営業方法が可能になったのも、クライアント側で昔でいう版下、今でいう完成データ（ＰＤＦなど）が作れるようになったからだろう。その昔、印刷の発注が手書き原稿で行われていた頃には、こんな単純な発注法はどだい無理な話だった。手書きの原稿は発注者の恣意の塊であって、これを印刷原稿に置き換えるには営業がクライアントと密接に話し合う、というかつき合う必要があったからだ。今、完成データまでできていれば、ページ数、部数、紙質などの付属情報さえあれば、印刷はできてしまう。

これはこれで時代の要請だろう。しかしネット通販のこわいのは、同質の製品ならクライアントはいくつかのサイトを見た上で、一番安いサイトを選んで買うということだ。「価格コム」のようなネット通販の中でもっとも価格の安いところを探し出すというサイトまである。今のところ「価格コム」に印刷の項目はないようだが、似たサイトができるのは時間の問題だろう。となると、サイト間で価格競争が起こってしまうのは当然予想される。実証したわけではないが、その傾向はあるのではないか。これによって印刷の相場がこの競争価格に規定されてしまうようなことにならないか、気をもむところだ。

もちろん、この泥沼の価格勝負によるネット通販の悲劇はそれぞれのサイトの運営者も充分にご承知なようで、ネット通販の常道である独自商品の開発にも熱心だ。価格よりそちらに力を注いでいただきたいなどと他人事のように考えつつ、やはり通販サイトに参入すべきかとも思ったりするこの頃。

印刷インターネット通販の現在

インターネット通販が花ざかりである。印刷業全体であまり景気のいい話を聞かない中、印刷のインターネット通販だけは急成長の話があふれている。これはやらない手はないなというわけで、我が社でも検討を始めた。というところまでは前節で書いたのだが、その後の報告である。確かにこれはおもしろいが、なかなか難しいことも多いのがわかってきた。景気のいい話が蔓延する割には参入するところが少ないのも道理である。

だいたい、印刷というのは注文生産が前提で、パソコンやカメラのようなスペックの決まった「物」を売るのではないから、商品呈示がしにくい。印刷はクライアントと一対一で交渉しながら作っていくのであって、通販のような一方的に売るというかたちにはなりにくいのだ。多くの印刷通販サイトでは商品数を絞ることで無理矢理商品化を図っている。昔からある年賀ハガキとか名刺の受注サイトが典型だ。こうすることで、商品としての呈示をしやすくするとともに、多くの注文を付け合わせてコストダウンも図れるというわけだ。最近ではチラシなどにもこの技法が適用されている。

我が社でもこの商品の絞り込みと大量付け合わせ法を検討してみたが、出版印刷物を中心としてきた我々の業態とはあまりに遠いと言わざるをえなかった。それにこの世界はつまるところ価格勝負であり、いかに大量の注文を受け付けて、自動化効率化を図れるかにかかっている。結局、この業態はあきらめたのだが、検討を行っていく過程で、印刷ネット通販とは、ソフトハードを含めたコンピュータシステムのできがすべてだということがわかってきた。注文を受け付け、同じような仕事を付け合わせて、大量に機械に流し込んでいくという工程を効率的にこなそうとすると、コンピュータで制御していかざるをえない。これは単純なＷＥＢページの製作能力だけではすまない。しかも自社でそうしたプログラムが作成できないと運営は難しい。他社に発注しているようでは、臨機応変な対応ができないだろうし、費用もかさんでしまう。

さて、我々が考えたのが冊子印刷に特化したサイトである。これなら我々の経験とＷＥＢ作成の能力が活かせると考えたわけだ。ここに至るまでだけでも、侃々諤々会社中で議論になってしまった。単に、印刷ネット通販といっても誰を対象に、どんな種類の印刷を行うかで性格はまったく違ったものになってしまう。印刷会社と一口にいっても千差万別なように、印刷ネット通販といっても、ありとあらゆるバリエーションがありうる。もちろん、印刷ネット通販に向く印刷物と向かない印刷物があるだろう。冊子印刷がはたして通販に向いているのかどうかは未知数である。

次に、クライアントからの原稿をどう受け付けるかである。「ＰＤＦに限る」としてしまえばことは簡単だが、プロと違ってＰＤＦを作れるという人はそれほど多くはないだろう。それにＰＤ

Fだって、クライアント製作の物はそのまま使えるとは限らない。営業が関与する普通の注文でも裁ち切りが考慮されていなかったり、ノンブルがずれていたりと、トラブルが続出するのに、通販ではいったいどんな事態が招来するか検討もつかない。ワードや一太郎まで認めるとなると、そのトラブルは想像を絶する。ワードは出力環境によって勝手にレイアウトを変えてしまうので恐ろしい。悩ましいところだが、当たって砕けろである。とりあえず注文も来ないうちから制限するのもおかしいだろうと、ワード・一太郎も入稿メニューに加えることとした。

代金回収も頭痛の種である。営業の関与したクライアントとの一対一の関係なら、代金が回収できないということはまずない。クライアントと会って、その場所もわかっているからである。通販ではそんなわけにはいかない。電子メイルの向こうに誰がいるかわからない。とりあえずは前払いを前提にサイトを構築してみたが、前払いではたしてどこまでクライアントが現れるだろうか。

実はまだこのサイトは公開していない。始める前から議論ばかりしていて、先へ進まない我が社の悪い癖が出てしまった。この過程、本コラムでも追って、報告していきます。さて何が起こるやら。

動かないのが印刷

二〇〇八年三月二二日の朝日新聞。格子編を印刷したプラスチックシートが挟まれていた。このシートを通して特殊な模様を刷りこんだ広告を見ると、広告がアニメーションのように動く。目の錯覚を利用したもので、ごくわずかな動きだが、新聞広告が動くのは新鮮だった。しかも全ページの全広告がこの処理を施されていて、どのページのどの広告も動いてくれる。すべてのクライアントを説得してこの紙面に参加させたことを考えると、朝日新聞広告部の意気込みが感じられる紙面だった。

　あたりまえの話だが、印刷の中の画像がそのまま動くことはありえない。印刷物の中に

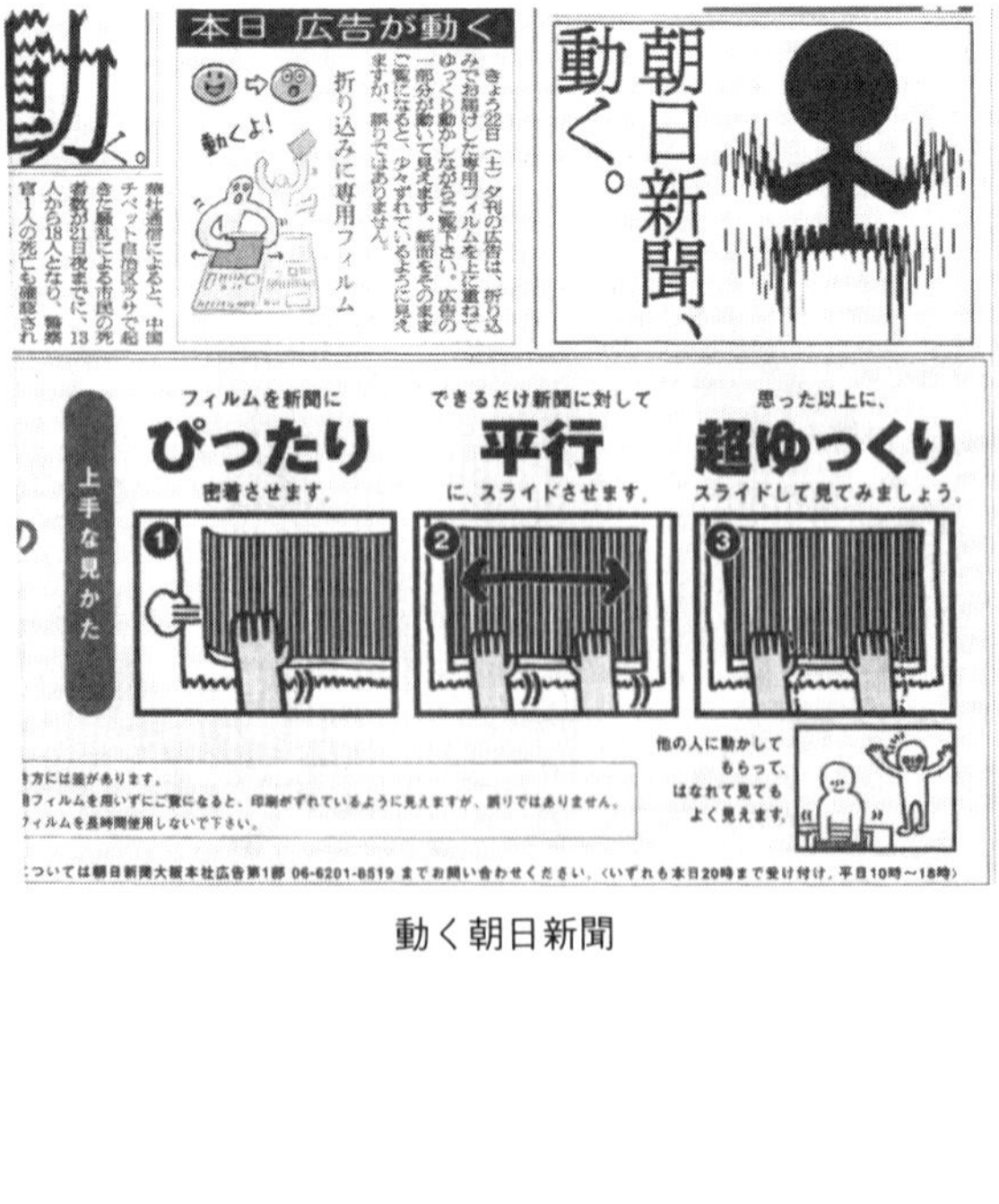

動く朝日新聞

刷り込まれた写真がテレビ画面のように動くことは、たとえどんな技術革新が進んだところで無理だろう。今話題の電子ペーパーなら可能かもしれないが、電子ペーパーが印刷といえるかどうかというのは、また別の問題だ。目の錯覚の利用とはいえ、なんとか工夫で印刷物を動かしてみせた朝日の広告部にとりあえず拍手。

しかし、こうした試みはネット広告に追われて日に日に苦しい立場に追い込まれていく新聞広告のあせりともとれる。すでにネット広告は金額ベースで新聞広告を抜き、電波媒体全体さえ抜こうとしている。新聞広告も今までと同じことをやっていたのでは生き残ることは難しい。目の錯覚さえ動員せざるをえないところに紙媒体印刷のおかれた苦しさがある。

そのネット広告も、最近、文字と写真だけが掲げられた静的なバナー広告はむしろ少なく、にぎやかにロゴやマークが動いてくれる。その動き方もテレビCMとは少し違う。ネット広告にはネット広告独特の動画表現ができつつあるようだ。

なぜ、動かすのか。とにかく目立つからである。止まっている物の中に動く物があれば、人はそこに注目する。静止画から動画へ、訴求力を考えたら当然の流れなのだ。これはカラー印刷・カラー広告の普及の過程を考えれば合点が行く。モノクロの広告ばかりのとき、カラーの広告はそれはそれは目立った。したがって訴求力がなにより重要な広告印刷物はカラーになった。ネット広告になっても同じことだ。動かない広告より動く広告の方がはるかに目立つ。訴求力が強い。こうなるともともとカラーのネット広告はどんどん動き出す。掲示板やＳＮＳの広告ページなどはあまりに動きすぎて、目がチラチラするぐらいである。

そして、今や動画サイトが大人気だ。こちらの方もわずか一年二年であっという間に普及してしまった。私の息子もご多分にもれず、動画サイト入りびたりである。テレビのように放送時間に縛られず、膨大な数の動画ファイルの中から好きな動画を見られるのである。なかには「ニコニコ動画」のようにその動画に意見を書き込めて、それがまた新たな視聴者参加を呼び込んだりする。

動画はパソコン画面の枠を飛び出してもいる。携帯型の音楽プレーヤーは動画も見られるようになってきているし、携帯電話にもどんどん動画が進出してきている。通勤電車の中、携帯電話の小さな画面をにらんでいる若者はもう見慣れた光景だが、今や、それもメイルでもゲームでもなく動画である。これはもうまったく新しい動画文化というものを生み出しているようだ。二〇年前には考えられなかったことが今、まさに起こっている。

問題は、どうやってこの世界を印刷の味方につけるかということなのだ。動かない印刷とインターネット動画の世界はまったく別の世界、と印刷の世界にとじこもってしまうのはいいけれど、それではたしてすむ問題だろうか。印刷の市場はこのままではどんどん狭くなっていってしまう。動画に夢中の若者達もいずれは本当の読書の魅力に目覚め、また印刷需要が回復するというようなおとぎ話も信じられない。動画に慣れ親しんだ若者がそんなに簡単に、動かない紙の世界にもどってくるだろうか。

しかし、なんでもかんでも動けばいいってものでもあるまい。動かない物があるから動く物が目立つ。みんな動いたのではうるさくてしようがない。しばらくは動かない印刷という選択から自信をもって動かないのが正解かな。「しばらく」はね。

印刷インターネット通販を始めました

以前このコラムで市場の動向や立ち上げ計画を書いたが、その後無謀にも通販サイトを実際に立ち上げてしまったのである。

とは言ってもＰＤＦで受け付けしフライヤー印刷に特化したなんていうサイトはいくらでもあるので、少し違ったところを狙った。当初の計画でもあったが出版印刷を生業としてきた我が社得意の冊子印刷専門という市場に絞り込んだのである。

最初は、印刷の工程管理とか営業の仕事をネットで置き換えればいいと思っていたわけだけれど、これが実際にはあまりにも難しい。今までいかに人に頼って、標準化されていなかったか思い知らされることになる。

苦しいのは、「冊子」といった場合、フライヤーのように仕様が一定というわけではないことだ。判型もさまざまだし、製本仕様もバラバラだ。カラーもあればモノクロもある。紙にしても、表紙、本文、見返し、扉とそれぞれ指定を聞かなければならない。ここはある程度「この紙しか使えません」というように見切るべきなのだろうが、なかなかそこまでは踏み切れない。「〜しか使えません」とやってしまったのでは、注文の幅を狭めている気がするし、そもそも通販の需要がどこにあるのかがこちらもさっぱりわからないのだ。スカタンな領域で「これしかできません」

とやっても注文は来るまい。といって、使える紙の仕様をズラズラと一覧表にしたとしても、専門外のクライアントに適切に選んでもらえるとも思えない。結局は、「営業にメイルでご相談ください」という表現になってしまう。それで、はたして通販の手軽さが実現できるものだろうかと思わないでもないのだが、とにかくまずは需要を探る上でも、先へ進むしかない。

そして、こうした通販の計画が公になってくると、社内各部署からの注文が増えてくる。プリプレス現場はただでさえトホホファイルに悩まされているという経験からか、精緻で膨大な「データ入稿時の注意点」や「取り扱えるファイル・フォント一覧」といったページを載せてほしいと言ってくる。ただこうしたページはあまり細かく書いたとしても、保険の約款と同じで誰も読まなくなる。重要な項目のみポイントを絞ることが重要なのだが、これが難しい。どの項目が重要で必須かと議論をすればするほどそれぞれの主張が錯綜して話がまとまらない。「ＰＤＦに限る」としてしまえば簡単なのだろうが、それでは注文の幅が狭くなるという議論を繰り返すことになる。

営業は営業で、価格を明示するならば、価格水準について充分協議してほしいと言う。今まで定価というものに馴染みのない世界で仕事をしてきた営業は印刷価格の明示ということには抵抗を示す。特に最も安いＰＤＦ入稿価格で呈示せざるをえないのだが、営業は「クライアントはＰＤＦも組版も区別がついていない。一度ＰＤＦ価格が公に出てしまったら、もうそれが一人歩きして他もみんなその価格を要求されはしないか」と恐れるのだ。

ただ、考えてみれば、こういった問題は別に印刷通販でなくても充分統一見解を考えておくべきことなのだ。今までは、個別に営業が対応していて、会社全体では価格一つ共有されていなかった。印刷通販という、会社を代表するサイトを公式に立ち上げていくからこそ、こうしたことを充分に会社全体の見解として決めておく必要があることに気がついたというわけだ。これはこれで通販サイトプロジェクトの思いがけない収穫でした。

立ち上げた当日、早速に問い合わせの電話が入った。問い合わせはメイルで来るとばかり思っていたから意表を突かれたかたちだった。残念ながら、問い合わせはあるがまだ成約には結びつかない。でも、あきらめずに改良を続けていくしかなかろうな。

フライヤー

宣伝のために作られる一枚刷りの印刷物。チラシとほぼ同義だが、チラシよりもやや高級な紙を使い、フルカラーで刷った印刷物を特に指すことが多い。

トホホファイル

クライアント作成のデータ原稿で、あまりうまく作られておらず、印刷用として利用するのにかえって手間のかかるようなファイルのこと。もちろんトホホという嘆きの言葉に由来する。

インターネット広告に挑戦

印刷インターネット通販挑戦記はまだまだ続く。一回目は計画している。二回目は始めました。と来て、さてどうなったか、をお伝えしなければいけないのだが、正直避けたい気分である。インターネット通販を始めるにあたり、それなりに研究もしたし、ネット通販向けの商品もとりそろえたつもりだったが、客が来ない。まったく来ない。注文はおろか、問い合わせすらまったく来ない。

これでは社内の目も厳しいわけで、緊急にチームを集めて分析会議である。インターネットにはログ解析という技が使える。どのページにどこのサイトから何人来ているかという情報が得られる。分析してみると情けないことに印刷通販のページにそもそも人が来ていないことがわかった。我が社のホームページは多言語組版という特徴を活かしたページ「世界の文字」や学術書関係の情報提供ページ「インパクトファクター」など結構人気が高く、一〇〇万アクセスを誇ってきたのでこれは意外だった。つまりは、お客さんは目当ての情報ページに直行して、印刷通販のページなど一顧だにせずに帰ってしまうのだ。もっとも、こうした客を集められるページから印刷通販のページへの連携がよろしくないということもある。

とにかく、人が来てもらわなければどうにもならない。今までは強力な人寄せページがあってそれに頼りきっていたわけだけれど、そこに来る人がお客になってくれるわけではないということがはっきりした。まずは「印刷したい」という要望のある人をネット通販ページに誘導していかなければならない。それには検索ページに載ることが一番だ。

普通、インターネットでの買い物客はまずは検索エンジンで自分の買いたいものを検索する。ところがこれが一筋縄ではいかない。試しに検索エンジンのヤフーに「印刷」と入力してみると、四億件を越えるサイトがヒットする。四億件の中に埋没してしまったら発見されることはまず不可能だ。できるだけ前の方に表示してもらう必要があるわけだが、この検索エンジンの表示順というやつが、各検索エンジン会社の腕のみせどころなのだ。実際、検索のキーワードを入力しても関係ないページや広告満載のページなんかが表示されては、検索する方はたまったものではない。できるだけ有用なページを上位に載せるようにしなくてはならない。手前みそだが「世界の文字」と入力するとヤフーもグーグルも我が社のサイトがトップでヒットする。

さて、ここで大人の世界の話。検索エンジンにはお金を払うと、先頭に表示してくれるというサービスがある。お金を払うと上の方に載るわけだからこれは当然ヒット率も高くなる。だめもとで一度これをやってみようということになった。調べてみると、そんなに価格が高いわけでもない。

しかし、この商売、うまい。そして検索エンジンというビジネスがこれほど繁栄するという理由がわかった。単に、金を払えば上位に載せてくれるものだというぐらいに漠然と考えていたのだが、ことはそう単純な話ではない。たとえば「印刷」なんていう言葉は全国中の印刷会社がそろって上位に載せてもらいたいわけで、いっせいにその注文がいく。もし広告主の依頼を全部聞いていたら、広告ページだけで検索エンジンが埋まってしまう。驚いたことに、この広告上位に載せるのはオークションで決まるのである。お金をたくさん提供すればより上位に載せてあげますよというわけだ。この仕組みには脱帽だ。これではお金を払ってお願いせざるをえなくなってしまうことになる。それに検索のためのキーワードも複数登録でき、それぞれが何回クリックされたかなど、ネットを通じて一瞬でわかる。インターネット広告費は新聞広告費を上回ったというが、当然のような気がする。広告効果、分析力、ターゲットへの訴求、どれをとっても紙の広告はたちうちできまい。

と、インターネット広告を出すだけで感心してしまっているのだが、はたしてその結果、どうなったかはまた次節でお話ししましょう。

売るのは印刷ではない

さて、印刷ネット通販挑戦記はまだまだ続く。前回は、一応通販のページは作ったものの客が来ない。そこで検索エンジンに検索連動型広告を出してみることにしたというところまでだった。結果はどうだったか。

「印刷」という直接的な言葉は確かによく検索される。しかし「印刷」をキーワードに掲げるライバルもまたあまりに多いのだ。そしてこうなったときものを言うのはずばりお金。キーワード掲載順位オークションで高い金を払った企業が上位に掲載される。これではあまり高額になるとついていけないし、お金を出して上位掲載されたとしてもそれだけでクリックを稼げるわけでもない。ここからさらに「格安」とか「激安」といった低価格に関連するキーワードが投入できるかどうかという壁があるのだった。ネット通販に期待されているのはやはり低価格。ネット通販業界最大の悩みと言われる「価格だけが勝負」が印刷の世界でもやはり真実なのだ。これは苦しい。他社を出し抜くには、広告費をかけてさらに低価格表示で勝負ということになってしまう。

我が社、この世界は早々に撤退することにした。正直つき合いきれない。ネット通販そのものをやめるわけではない。ネット通販の王道は広告費をかけての薄利多売である。しかし、そうではないネット通販の道もあるはずと考えたわけだ。

キーワードのクリック数分析をやってみておもしろいことがわかった。キーワードには我が社印刷通販サイトに頻出する単語、たとえば「オフセット印刷」とか「オンデマンド印刷」、または「PDF原稿」とか「データ入稿」というような言葉を登録しておいたのだが、こうした単語はあまり検索されていない。逆に、「報告書」とか「句集」とかいうような具体的な製品を表す単語にヒットが多い。なあるほど。

この事実は通販チーム全体も目を開かされた。この結果からみる限り、お客さんは「オフセット印刷」をしたいわけではないのだ。「報告書」を作りたいのだ。「報告書」を作る方法が、「オフセット印刷」であろうと「オンデマンド印刷」であろうと関係ない。まして、自分の原稿が「データ入稿」にあたるのか「PDF原稿」にあたるのかも意識していない。結局、我々の印刷通販サイトを作る根本が間違っていたことになる。我々は「オフセット印刷」をしたいお客さんが業者を探すというあり方を考えていたのだが、お客さんは「報告書」を作れる業者を探していたわけだ。印刷技法など二の次なのだ。もちろん、「印刷」や「オフセット」でもヒットはするが、そういう場合には上に「激安」とか「格安」とかがついていなければならない。

印刷会社は今まで発注のプロとつき合ってきた。クライアント自身がある程度印刷技法とか入稿方法に詳しく、こちらは印刷会社に徹していればよかった。クライアントは詳しい印刷仕様を並べてくるからその通り「印刷」しておけばいいのだ。逆に言うと、印刷会社が受注したとしてもそれが「報告書」なのか「句集」なのかはあまり意識していなかった。あくまでも何ページで何部という「印刷物」を作ってきたにすぎないのだ。ある意味それを突きつめたのがネット通販サイトともいえる。

ネット通販はＷＥＢページそのものに営業の役割を負わせる。この営業は二四時間三六五日働き続け、場所もいとわず全国からお客さんを探してくるという、今のご時世には考えられない働き者だ。しかし、このネット通販サイトという営業はお客さんのニーズにきめこまやかに応えるのはちょっと不得意だ。だからこそ、細やかなニーズよりも一定の仕様でフライヤーとかを大量に受注するという方向に進み、果ては「激安」「格安」の競い合いとなってしまった。

エンドコンシューマー（最終消費者）の求める細やかなニーズに応えられるネット通販サイトというコンセプトが見えてきたわけだが、そんなものがはたして実現可能なのかは次の問題である。まだまだネット通販の道は険しい。

オフセット印刷

現在の主流印刷技法。平版の原理を用いて、昔ながらの「版」を作るので、少部数印刷では価格が高くなる。

印刷と動画のコラボへ

動画全盛の時代である。居間には大型の液晶テレビが鎮座し、携帯電話のワンセグ機能はあたりまえとなり、インターネットでは動画サイトが大流行である。特にインターネットの動画はテレビの放送と違って、見たいときに見たいだけの動画が無限に見られるという点、新たな文化現象となりつつある。それに対して、当然のことながら、言うまでもないことながら、印刷は動かない。ハリーポッターじゃあるまいし、本の中の写真が突然動き出して読者に語りかけたりはしない。静止画としての品質は印刷の方がはるかに上だけれど、動かないということは決定的に不利だ。もちろん、すべてが動けばいいというものではない。文字ばかりの小説を読むときに、挿絵が動いたりすればそればかりに気をとられて小説を味わうどころではないだろう。

それでも、やはり動いてもらいたいときはある。数多くのインターネット動画が証明しているように、写真を動かした方が説明しやすいものはある。たとえば、機械の操作法などは、イラストでいくら丁寧に書いたとしても、動きそのものは矢印を使ったり、枚数を重ねたりするほかない。これが動いてくれれば、そしてしゃべってくれれば、どれだけ簡単に説明できるかと、しょっちゅう思ってしまう。

なんとかこのインターネット動画と印刷物が結びつかないだろうか。

実は簡単だ。印刷そのものは動いてくれなくても、動かそうという動画をインターネットで見せればいいだけのことだ。いわば印刷とインターネット動画のコラボレーションである。動かない印刷の写真の横に、動画サイトのＵＲＬを書いておけばいい。これで本を読みながらＵＲＬを入力すれば動画が動く。さて、簡単にはできるのだが、はたして本の横にパソコンを常においておき、見たい動画があれば、目をパソコンに移してＵＲＬを打ち込むというような使い方が本当にされるだろうか。それぐらいなら、初めからインターネットの電子書籍を利用して、クリック一発、動画を見るだろう。

本はどこで読まれるかわからない。電車の中で空港の待合いで、本のそばにパソコンがあるなどという場面は想定しない方がいい。

では、携帯電話ならどうだろう。携帯はいつも持ち運ぶから携帯、インターネット動画ではなく携帯動画。動いていただきたい写真のそばに携帯電話のＵＲＬ。いやいやここまでいけばもう一歩。ＱＲコードである。あの四角のシミのようなコード。最近、携帯電話でＱＲコードを読みとらせて、宣伝用のサイトに導くという使われ方がされている。つまりこうだ。

動画を携帯サイトに用意しておく。そして、そのＵＲＬをＱＲコードにして写真の横に刷り込んでおくのである。写真の横にあるＱＲコードを読めば、動画が動き出す。これだとわりあい実用的だろう。

実は、これを作ってみたのだ。いきなり商品化は難しいので、うちの会社案内を利用した。会社案内をめくれば出てくる社長の写真。その横にＱＲコードを印刷しておき、これを携帯電話で撮ると社長が挨拶を始める。

実際にやってみると、携帯キャリアごとに動画の仕様が違うので、携帯キャリア選択の画面をはさむ必要があったり、画像のダウンロードに時間がかかったりする。どうも、ＱＲコード撮影一発ですぐに写真が動き出すという感じにはならない。もっともこれは第一歩だ。まだまだいろいろな改善が考えられるし、ＱＲコードの方も進歩するだろう。カラーＱＲコードといった新しい技術を使えば、ＱＲコードと意識させずに、写真そのものを撮影すると、動画が始まるといった使い方ができるかもしれない。

実際、この会社案内をクライアントに見せてみたのだが、みなさま一様に興味しんしん、そして社長がしゃべると、笑いが起こった。失笑というのではない、「おもしろいな」という感じの温かい笑い。うまくいくかな。

下のＱＲコードを携帯で撮ってください。社長がご挨拶申し上げます。

（通信料はかかります）

ＱＲコード　社長動画直行

印刷会社の工場長

工場長の机の上には書類があふれていた。紙の発注伝票、工程管理一覧表、外注先からの見積書、そして次から次へと訪ねてくる協力会社の営業の名刺。その中で、電話で指示を出したり工場中を走り回って工程調整するのが活気ある印刷会社の工場長の姿だろう。従ってたいていそうだと思うが、中小企業の工場長は今まで現場出身者中心だった。機械そのものやそこで働く人の性格をよく知っていなければ、細かい工程管理や繁閑の調整なんてとてもできなかったからだ。

ところが、うちの現在の工場長は事務部門出身である。おそらく中西印刷一五〇年の歴史の中でも初めてではないかと思う。事務部門出身者が工場長になったのは、工場長に求められる資質が今までとは違ってきているからだ。二〇年前、電算写植が導入され、印刷の製作現場はすっかりコンピュータ一色となったし、印刷現場もコンピュータによる工程管理がなされるようになって、コンピュータを使いこなせる人でないと、工場長が務まらなくなってきたのだ。加えて、品質管理、環境対応、個人情報保護と、書類を作成する作業がとにかく多くなった。これはもうコンピュータを使いこなし、書類を作成し続けてきた事務部門経験者でないと工場長は務まらない。

この工場長の机の上が最近片づきだした。今までは伝票類に埋もれていたのに、あまり書類が目立たなくなってきた。不景気で仕事が減ったからか……それもあるかもしれないけれど、もしそれだけが原因だったら大変な事態ということになる。それぐらいの減りようなのだ。

種明かしは工場長が各種の指示を電子メイルで行ったり、工程管理の伝票を社内ＬＡＮシステムを使って送るようになったからだ。紙の指示書もいったんスキャニングしてＰＤＦで送っている。こうすることで、机の上の紙が大幅に減ってしまったというわけなのだ。

紙が減るということのメリットはただ単に机の上が片づくというだけではない。書類の整理が行き届くようになる。契約書などの重要書類は別として毎日の指示書や発注伝票はなかなか整理できない。紙の伝票が生ずる都度、パンチで穴をあけてきっちりファイルに保存すればいいのだろうが、これはなかなか面倒だ。ちゃんとした秘書のいる大会社ならいざ知らず、ファイリングを自らやらざるをえない中小企業ではなかなか伝票の整理ができない。結果として、ファイリングに抜けや重複が大量に起こり、次の年に去年の仕様を確かめようとしても書類が出てこなかったりすることが多い。

これを紙ではなくて、コンピュータで作れば、なにもファイリングとか意識しなくても自然にコンピュータ内にたまっていく。必要になったら検索すればいい。項目順でも得意先順でも日付順でもファイル名を少し工夫しておけば探すのは造作もない。電子メイルであれば、受発信リストそのものが、受発注履歴としても使える。この便利さに一旦慣れてしまうともう戻れない。手書きを前提とした伝票を見ただけでうんざりしてしまう。私は、元祖パソコンオタクだから当然のようにこの状態になっていたが、工場長は六〇歳にして、この便利さに目覚めたらしい。

さて、工場長曰く。

「社内報はＰＤＦになって、パブリックのサーバーに載ってますかね」

なんでも、社内報は会社からの伝達事項が書いてあって便利なのだが、ファイリングをつい忘れて、なくしてしまうのだとか。ＰＤＦにして、誰でも読めるパブリックのサーバーにあれば、いちいちファイリングする必要がなくなって便利だという。

「確かに、パブリックのサーバーに社内報のＰＤＦは載せてあるけれど……」

私は、苦笑せざるをえなかった。

「印刷会社の工場長がそれを言っちゃ、印刷屋はおしまいだよね」

二人は爆笑したが、その後に吹く風はことさら冷たかった。

全印工連二〇一〇計画

まったくおそろしい時代になってしまった。もともと、印刷業界は長引く需要減退で苦しんできたところへもってきて、このリーマンショックに端を発した世界的な大不況である。なんとか生き残るヒントを探して「業態変革実践プラン―全印工連二〇一〇計画」(全日本印刷工業組合連合会、平成二〇年一〇月一七日発行）をひもとく。全印工連の計画は業界全体の指針ともなるわけで、画期的な印刷技術とその普及を高らかに宣言していてくれるだろうという期待を抱きつつ、読んでみる。

で、なにが書いてあるかというと「業態変革・ワンストップサービス」というのだ。聞こえはいいけれど、要は印刷業本体では利益が出ないから、その周辺のサービスと併せて儲けましょうということなのだ。業態変革とは、つまり印刷業が印刷を「業」とする限り、衰退は避けられず、印刷「業」の内容そのものを変えていかねばならないといっているわけだ。

ご丁寧にワンストップサービス・ソリューションマップなるものが掲載されていて、印刷業界ができうるだろう周辺領域の事業の一覧表が載っている。チラシ企画とか写真撮影・デザイン・発送代行ぐらいならまだしも、広告代理業務・イベントプロデュース・コールセンター・アンケート代行までも載せている。しかし実際問題としてワンストップサービスといっても広告代理もアンケート代行も既存の業界がすでにあるわけで、多くは印刷業界のお得意様だ。今までお得意様だった広告代理店と互して競争の関係に入れる会社などいくつあるのだろうか。広告代理業界にも歴史があり、すでに既存業者で固められている。これは広告代理業に限らず、このリストにあがっているような業種すべてがそうだ。

印刷業は製造業だ。それをいきなり製造業で儲からないから、印刷を発注する広告代理店になりましょうと業界団体が言い出すというのは業界団体の自己否定ではないか。確かに印刷会社のいくつかは広告代理業へ、いくつかはイベントプロデュース業へと「業態変更」できるだろう。かくいう我が社だって、信念をもって製造業としての印刷に没頭・邁進しているわけではない。XMLデータベースとか、会員管理代行なんていう商売をやっている。いまやそういったワンストップサービスを付加しないと、印刷の仕事だけでは差別化が難しいのは事実だ。ただし、こうした変革はそれぞれの会社がそれぞれの立場で行うものであって、その方向はバラバラだ。ワンストップといった瞬間、ありとあらゆる業務へ向かって印刷業界が霧散してしまう。そのとき、中心に印刷が残るという保証はない。結局ワンストップサービスの提唱は個々の会社の生き残り戦略とはなりえても、印刷業界全体の生き残り策にはなりえない。

もちろん、私だって、座して業界の死を待てと言っているのではない。我が社としては生き残りのためのワンストップサービスを続けるが、業界全体として取り組むのは印刷工業組合だから製造業としての印刷領域だろう。紙の印刷が減るとはいってもなくなるのはまだまだ遠い未来だ。それまでに高精細印刷、加工などやりうることはいくらでもある。

ＩＴ奮闘記だから書くのではないが、本命は印刷関連のＩＴだ。印刷業がこの二〇年間ためこんだのはＩＴの技術である。今の主流ＩＴ技術であるネットワーク関連でこそ遅れをとったが、ことディスプレイやプリンタでの色再現といった領域では、印刷業界のノウハウは追随を許さない。ＩＴについてこれる印刷会社がどれだけあるかという議論もあるだろうけれど、広告代理店になれる会社よりはるかに多いことは間違いない。印刷業は印刷業だからこそ生きる場所がある。他の業界のまねをしたって始まらない。業界の特徴を活かせる仕事を見つけて、業界全体としてその未来へ邁進する。少なくとも業界団体はこうでなくっちゃ困る。「ともかく印刷以外のことをやれ、内容はなんでもいい」では、あまりに情けない。

インクジェットがやってくる

二〇〇九年に東京で開かれた総合印刷機材の展示会ＪＧＡＳへ行ってきた。台風が二年ぶりに直撃したということや、なにせこの不況のまっただ中のこと、全般に低調な感じは否めなかった。機械の出展も多くなく、各社が大きな印刷機を持ち込み、会場全体が巨大な工場の感があった時代とは様変わりだ。

この年の目玉は、ドルッパでもそうだったらしいが、やはりインクジェット枚葉機だった。このインクジェット枚葉機、筐体がそれほど大きくなく、従って展示スペースも小さい。そのためもあってか、狭い展示スペースの前はとにかく人だかりが多かった。出展メーカーに聞いたところでは、配布用のパンフレットが足りなくなるほどだったらしい。それほど業界の関心が高いのだ。

つくづく展示会の華は新製品だと思う。それも斬新で画期的であればあるほどいい。中小の印刷業者にとってみれば新製品の持つ魅力は圧倒的だ。既存の印刷業界の中で、新しいコンセプトの機械が逆転大ホームランをかっ飛ばしてくれるかもしれないからだ。活版全盛時代にオフセットを見いだして、会社を大発展させた先輩の話を聞いては、私たちの時代の画期的製品を追い求めて、何度も展示会に通った。電算写植時代にフルデジタルを達成したＤＴＰの登場や、製版に革命を起こしたＣＴＰ、そして印刷のありようを根本的に変えてしまう可能性を秘めたトナー系オンデマンド印刷とそれぞれに夢も見てきた。そして、京都の若旦那としては、かなり早い時期にこうした機械を導入しては現場に苦労をかけた。

さて、インクジェット。以前から連帳用にはあったわけだが、この画期的新製品は写真品質などを格段に向上させて枚葉機となっての登場である。品質・速度にはまだまだ言いたいことはいくらでもあるけれど、生まれたばかりの赤ん坊にすぐに熟練工の仕事を期待しても無理というもの。品質に関してはデジカメプリントで名をはせたインクジェットのことだから、早晩向上するだろう。速度はヘッドの数を多くすれば、当面稼げるだろうし、ヘッドの性能そのものも向上するだろうから心配していない。

問題は価格。

「いったいいくらで売るの」

という質問には、メーカーの説明員もなかなか答えてくれなかった。逆に、

「いくらなら買っていただけます?」

と問い直された。

展示会場で必死に価格の落としどころを探っているのだろう。今の開発費をそのまま価格に反映したのではとてつもない高価格になってしまって、まったく売れないだろうし、あまり安く設定しすぎたら、たぶん大赤字が出てしまう。メーカーとしても苦しいところだと思う。

もっとも、価格に折り合いがついたところで新製品をすぐに導入するというわけにはいかない。新製品が最初の一台目から順調に動き出すとはまず考えられないからだ。初期導入された企業さんが十二分に苦労されて、改良がすんでからの我が社への導入だろうなあと思ってみたり、そんな消極的なことでは先行者利益が得られないとも思ってみたり、まだ売り出されてもいない機械を前に思いをめぐらす。これが楽しい。会社の経営をやっていたら、これぐらいのワクワク感がなくてはつまらない。

実際には、技術が成熟している上に、値段が下がりきっているオフセット印刷と小回りのきくトナー系オンデマンド印刷の間にはさまってどれぐらい市場があるのかという疑問もある。有版オンデマンド印刷機のように印刷技術史の袋小路に入ってしまって、廃れてしまうという可能性もないとはいえない。もちろん、もっと積極的に考えれば、トナー系オンデマンド印刷の市場が完全にインクジェットにとって替わられることもありうるだろう。

この機械にもっとも興味を示したのはトナー系オンデマンド機のオペレータたちだった。彼らが実際にこの機械を動かして「まだまだ使いものにならない」と言うか「これは充分いける」と言うか、意見を聞いてみたいな。

インクジェット（プリンタ）

インクを直接吐出する方式のプリンタ。現在のパソコン用のプリンタではこの方式が主力であり、パソコン用のプリンタ出荷台数の三分の二はインクジェット方式が占めている。これを大型化、高速化できれば、オフセット印刷の代替印刷方式となる可能性があり、各社が開発にしのぎを削っている。

有版オンデマンド印刷機

オフセット印刷機と製版機を合体させたタイプのオンデマンド印刷機。トナー系やインクジェット系オンデマンド印刷と違い、バリアブル印刷といった離れ技はできないが、原理がオフセット印刷そのものなので品質はもっとも良く、早い時期に普及した。ただ、トナー系やインクジェット系の品質が高まってくると、急速に存在意義を失った。いわば印刷界のテレビデオ。合体すると便利だが、どちらかの機能が古びれば、全体が使い物にならなくなってしまう。

トナー系オンデマンド印刷機

ゼロックスのドキュカラーのようにコピー機と同じく、トナーを用いて印刷する仕組みのオンデマンド印刷機。

印刷ネット通販の道は険しい

さて、印刷ネット通販のその後である。しかし本当に気が重い。我が社ネット通販サイトはちっとも流行っていないからである。最初この印刷ネット通販のリアル体験記を始めたときには、いろいろ試みた結果、ネットから仕事がどんどん入るようになったという体験記を書けるはずだったのが、ちっともそうならないのだ。客が来ない。むしろ今から思えば、始めた当初の方が少ないながらも客が来ていた。客を増やそうと、ああだこうだと対策をやっているのにどんどん客が減っていく。

そもそも我が社WEBサイトが発見されていないからではないか。この疑問を元に、検索連動型広告を打ってみたことはすでに書いた。検索エンジンから該当のキーワードが検索されると、広告が掲示されるというやつだ。これは、確かに効いた。一気に来客数も大増加し、印刷を注文する客も増えた。しかし、検索連動型広告は、キーワードへの優先掲載順位がオークションで決まるので、「印刷」のようないい言葉に広告を載せようとすると、やたらに金がかかる。しかも印刷ネット通販会社乱立とともに掲載価格はどんどん跳ね上がる。とてもつき合っていられない。

次は、SEO対策。検索エンジンに対する最適化である。検索エンジンに拾ってもらいやすいように、いろいろな対策をWEBサイトにほどこす。これもよく知られている技法ならば費用をかけずにできるが、それではみんな同じ対策をほどこしてくるので差がつかない。結局はコンサルタントを入れて、特殊なテクニックを駆使することになる。これも確かに確実に効果が上がり、検索上位に我が社のホームページが来るようになるが、結局はコンサルタントに支払う料金しだいということだ。

要は、この世界もどうやらお金なのである。少なくとも客を自分のところのWEBサイトに誘導するまではかけたお金の額で決まる。しかしお金をかけて客寄せしても、かけた金額以上の仕事に結びつかねば何にもならない。

グーグルアナリティクスというグーグルの無料サービスがある。WEBサイトへの集客分析ツールなのだが、これを使えば自分のWEBサイトに人が何人来て、重複を省いたユニークユーザーが何人で、その平均滞在時間は何秒で、どこのページに人が集まって、それは世界のどこから来たかというのを一覧表やグラフで知ることができる。広告効果測定にこれほど確実な資料はない。印刷による広告がこれでは廃れるはずだという感慨はひとまず置いておいて、この分析結果を見てみる。

まず、トップページだけ来て、すぐに帰ってしまうという人がやたらに多い。悲しいかな、トップページを見ただけで印刷を発注する気をなくす人が多いことになる。発注していただけることを目指して、WEBサイトは凝ったつもりだが、結果が出ていない。次にいきなり帰らず、とどまっていただけた人の中で見られているのはやはり見積もりのページだ。通販サイトだから当然だろう。結局、トップページで即帰るか、見積もりのページで値段だけ見て帰るというパターンが多い。身も蓋もない。

我が社ページの提示価格が高いということになるのだろうか。けっこう安い値段をつけていたと思うのだが、それはこちらの独りよがりで、各社が力を入れるネット通販の売れ筋商品の価格がどうやら我が社では高いらしい。これも分析してみるまでわからなかった。

根本的に発想を変える必要がありそうだ。わかってはいたけれど、印刷通販は通常の印刷営業とは全然別の世界。今までの方法論が通じないと知りながら、通常価格から一律に三割下げてとかやっていたことに今さら気づく。ネット通販にはネット通販にふさわしい商品構成があり、ふさわしい値段がある。ゆめ、既存の印刷屋の常識にとらわれてはいけない。もちろん、ここまで来て撤退もないわけで、まだまだやるし、やらなくてはいけないだろう。ネットのすさまじいまでの進化を実感できる機会でもある。

SEO
Search Engine Optimization 検索サイトの検索上位に載せてもらうためにホームページを最適化すること。さまざまな技法があり、一大産業と化している。

ブランド印刷業への道

印刷ネット通販ですが、もちろんしつこく、客が押し寄せてくるまで続けなければならないという覚悟でやっております。

実はネット通販については悲しい事件があった。ネット通販で急成長を続けていたある会社で従業員が印刷機械にはさまれて死亡するという事故が起こったのだ。激安を売り物にしていた会社で、労務管理面では相当に問題があったようだ。ネット通販の安値とは全国一律大量受注・一括生産など印刷受注のシステムそのものを改革したことによって可能になったと喧伝されてきたが、その実、昔ながらの過重労働に頼っていたことが明らかになってしまった。最新鋭かつ印刷産業の再生の原動力となるはずのネット通販ビジネスがこれではあまりに寂しい。もちろん、すべてのネット通販会社がそうだとは言わないが、安値を競い合うような受注法はどこかにしわ寄せが行く。

安値路線とは一線を画して、それでは何をやればいいのか。正直、当社だけの知恵では限界がある。そこで広告代理店というところの力を借りることにした。ネット専門の広告代理店、そんな商売も今は成り立つようになっている。

彼らの発想こそ我々にとっては目からうろこが落ちるというものだった。

広告代理店といっても、印刷業に詳しいわけではない。だから逆に印刷のことを知らないお客さんの立場でものを考えることができる。彼らが興味を示したもの、それは最新鋭のＤＴＰシステムでもオンデマンド印刷機でもなかった。彼ら、つまり一般のお客さんにとってＤＴＰシステムは単なるパソコンであり、オンデマンド印刷機はコピー機であって、百万言、能書きをつけ加えてもお客さんの関心は惹かないという。

彼らは博物館用にと残しておいた古い活版道具に興味を示した。それに手作業による印刷の「こだわり」を感じたというのである。彼らは言う。今、安値以外に他社と差別化できるとすれば「こだわり」という単語なのだと。「こだわりのパン」「こだわりの鞄」云々。そういえば、ネット通販の世界には「こだわり」があふれている。

しかし、活版は今は使っていないし、ＰＤＦで入稿してオンデマンド印刷で刷るのになんの「こだわり」もないではないか。

それが違うと彼らは言う。活版のときの精神が今の印刷物にも活かされているはずで、たとえＰＤＦで入稿したとしても、歴史に育まれた「いい物」への情熱を感ずるという。それを表現すれば、他社と差別化できるというのだ。一種のブランド戦略。印刷のような工業製品にそういったブランド戦略が通じるかどうかはわからないが、とりあえず彼らにホームページ製作を任せてみることにした。

活版はすでに全廃して久しいから、ホームページの前面に立てるわけにはいかない。しかし活字のイメージ写真をうまくページに取り入れてくれた。一五〇年の歴史をもってこだわりの印刷と製本を行う会社として全般に落ち着いたシックな印象のページとなった。

そして、もちろん、印刷技法の解説などはずっと目立たないところに後退させる。お客さんは、「報告書」や「句集」を作りたいのであって、それがオフセットであろうがオンデマンドであろうが関係ない。印刷技法など、お客さんはまったく意識していないしさせる必要もない。

忘れてはならないのはパッケージング。報告書には報告書の、句集には句集の標準的な体裁と表紙仕様・印刷技法・製本形態を決めておく。印刷のことを知らないお客さんに「紙は何で」「印刷技法はどれで」「製本は何を」とそれぞれ選んでもらうのは無理があるからだ。標準を決めておいて、ちょっとオプションを付け加える。これが営業の手間を省き、コストダウンにつながるのだという。

印刷のブランド化。この発想はネット通販をやるまでは出てこなかった。電子の時代となって、製造業も変容しているということをつくづく思い知らされた。

印刷はどこへ行くのか

印刷はどうなってしまうのだろうか。私は業界誌に原稿を依頼されたときは若旦那奮闘記シリーズ以来、どんなに苦しくても未来への希望を見いだそうとしてきた。特に、ＩＴやコンピュータの利用技術をもって印刷業界の活性化をもくろんできた。しかし、さすがにこの不況は応える。不況なだけならまだいい。どうやら構造的なものだけに始末が悪い。

月刊誌印刷の仕事が一つなくなった。よその印刷会社に取られたとかいうなら、また取り戻せばいいだけのことだ。営業は切歯扼腕《せっしやくわん》、次の報復戦にそなえるだろうし、会社の内部は悔しさをバネに品質の向上とかコストダウンに励んで、むしろ会社は活性化したものだ。今回はそうではない。他社に流れたのではなく、廃刊になってしまったのだ。

最近、雑誌の休・廃刊が続いている。『月刊現代』『読売ウィークリー』『諸君！』などなど。論壇の衰退だとマスコミの格好の話題になっている。しかし、印刷会社の目からすると、月刊誌や週刊誌の廃刊は仕事のまったくの消滅である。これは辛いだろうと思う。かくいう当社も月刊誌の廃刊は相当な痛手だ。

印刷は文字情報の伝達には欠かせなかった。ラジオができても、テレビができても、新聞や雑誌は減らなかった。むしろ、ラジオができればラジオ雑誌。テレビができればテレビ雑誌。マスコミにどんな形態が出てこようが、少し詳しい情報を知ろうと思えば、文字情報を読む必要があった。それを担ったのは本であり、雑誌だった。それがIT技術の発達で変わった。インターネットという化け物は、印刷の独壇場だった文字情報の地位をどんどんおびやかしだした。インターネットで公開されれば、使う側にとってあまりに便利なのだからしかたがない。かくいう私も時刻表を買わなくなったし、電話帳を利用することもなくなった。全部インターネットでピンポイントに欲しい情報が手に入るからだ。それもタダで、いながらにして。時刻表や電話帳は今でも作られているが、部数は大幅に減っているというし、それこそ廃刊も時間の問題だろう。また印刷の仕事がなくなっていく。

私も何度も書いてきたように、インターネットを敵に回してもしかたがない。なんとか味方にしようとしてきた。インターネット上の雑誌、オンラインジャーナルに取り組んできたのもそのためなのだけれど、廃刊ではどうしようもない。件の廃刊した雑誌にも、たとえ紙の雑誌がなくなっても、インターネットジャーナルとして残すことを提案してみた。紙の雑誌は残らなくてもインターネットで残れば未来の産業の一翼は担えると思えばこそだ。だが、それもだめ。どうしても必要な情報は著者が作ったPDFファイルを直接関連サイトにアップロードするそうな。それで充分だと言われるとは情けない。

一昔前、「紙の上で可読性を追求してきた印刷会社は今度は画面の上での可読性を追求すべきだ。紙の上だけが印刷ではない。画面こそが新しい印刷の舞台だ」と高らかに宣言していたけれど、クライアントから「画面では読めればいい。どうせ、読む方は画面上で自分の好きに加工して読むのだから」と言われてしまったのでは腕のふるいようもない。

そういえば、国立国会図書館の電子書籍の調査でもＣＤ－ＲＯＭの時代はまだまだオーサリングなど印刷会社が活躍する場面が多かったのに、ケータイの時代になってみれば印刷会社がケータイ情報の発信に関われていることはほとんどないことが判明した。ＣＤ－ＲＯＭは画面全体の可読性が結構重要だったが、ケータイは、あんな小さな画面だから、可読性云々より、しかけづくりの方が重要だからだ。つまり、しかけのコンピュータプログラミングそのものが鍵ということになる。我々でもできないことはないが、学生ベンチャーの身軽さと安さには敵わない。

暗いなあ。でもまあ、考えて考えて、突破口を見いだそう。なにができるかなにをやるか。まだまだ、印刷会社にもやれることはあるはずだ。

オーサリング
文字や画像、音声、動画といった素材を編集して一本のタイトルにまとめること。もともとCD-ROMソフト製作の仕事を指し、最近ではDVD-ROMソフト製作を指す。ホームページ作成もオーサリングといえるが、あまり使われない。

第四章　果てしなき情報の未来

この雑誌は有料です

とある私鉄の駅。コンクリート丸出しの駅舎にチューインガムの貼り付いた床、小走りに道を急ぐ通勤客。全国どこにでもある光景だろう。その片隅に、またありふれたキヨスクがあって、菓子類、飲み物の横に雑誌を並べていた。雑誌は全部は並べきれないのか、スタンドからはみだして並べられている。そして私はスタンドの上に貼られた紙を見て、思わず笑ってしまったのだ。

「この雑誌は有料です」

そうか、今では雑誌はわざわざ「有料です」と書いておかねばならないものなのだ。駅には無料の雑誌フリーペーパーがあふれているから、それと間違えて悪気なくこのスタンドの雑誌を持っていってしまう人が後をたたないのだろう。

しかし、よく考えるとこれは笑い事ではすまされない事態だ。私たちが心血を注いで作っている印刷物はタダで提供される存在でしかないのだ。これが広告のみというのならまだあきらめもつく。ところが、タダの雑誌、フリーペーパーには広告だけでなく、普通の記事も結構載っている。若いサラリーマンはフリーペーパーを見るだけで充分世の中の動きがわかるとのたまう。つまりは昔はお金を出さないと手に入らなかった情報がタダで簡単に手に入るようになってしまっているのだ。

もちろんフリーペーパーも広告があってこそ成り立つ。広告主から広告を集めてその料金ですべてが運営されている。従来型の新聞でも広告があるからこそ、あれほど安い価格での宅配が維持されているともいえる。つまりは広告の量で安くなるのか、タダなのかのわずかな違いがあるのかもしれない。経済的にはそうかもしれないが、読む方にしてみれば少しでも金を出すのとタダでもらうのとは雲泥の差がある。お金を少しでも出せばそうそう粗末にも扱えまい。自分の買った週刊誌でもそれがペイするまでは読むだろう。タダだったら、手に取っただけで読まないで捨てても、それほど良心の呵責に苦しまないですむ。要は大事にしなくなる。

逆から考えると、フリーペーパーの記事は広告を読んでもらうための餌のようなものでしかない。タダである限り、あくまで広告が主であって記事は従であることになる。印刷会社にしてみれば、印刷代さえもらえればどっちでもいいということなのかもしれないが、私はひっかかる。ひっかかり続けたい。印刷会社を経営するということ、それは印刷を単なる金儲けの手段とみているだけではない。情報を媒介することで文化に資すると思えばこそなのだ。広告の文化的価値を否定するものではないけれど、広告が主体であるような雑誌の流行にはなにか納得のいかないものを感じる。

私たちが子供の頃、本や雑誌はことのほかステータスが高かった。本をまたいではだめとか、本に折り印をつけてはだめとか、いろいろタブーがあって、よく親や先生に怒られたものだ。教育的指導もあっただろうが、情報やそれを載せた本に本当に価値があったからだろうと思う。

いつの間に変わってしまったのだろうか。新聞を買わなくても、コマーシャルさえ見れば最新のニュースをタダで手に入れられる民間放送テレビの登場がその先鞭をつけたことは間違いない。そしてインターネットの普及は百科事典も、最新ニュースもまったくタダにしてしまった。情報の流通がきわめて安価になってしまったのだ。それにつられるように雑誌もタダになった。このままではいずれ本もタダになるだろう。

フリーペーパーは、紙の上からコンピュータ画面の上へとどんどん流失している若者の目をとにもかくにも紙の上に戻すという効果はあるのかもしれない。その意味でも印刷会社が敵視するような性格のものではないのだろう。「でも」、「しかし」、とこだわりたくなるのは、私が年をとってしまったからなのかもしれないいな。

スキルインフレ

印刷機材の営業マンが新しい機器の売りこみに来るとする。まずはその機械の新性能を訴えるだろう。そしてその次にかならず言うのがスキルレスである。

「難しい操作はなにもいりません。新人さんでもすぐ使えるようになります。云々」

確かに、最近の機械は簡単になっている。新入社員がＤＴＰを使って、仕事ができるようになるまで一ヶ月もかからないし、最近では学校でＤＴＰの授業をとって入社したという人も珍しくない。その昔、電算写植の時代のオペレータの育成には手間暇がかかった。なかには結局、習得をあきらめた人もいた。それなりに特殊技能だった。

スキルレスは印刷機材屋の言うとおりだと、大幅に人件費を削減でき、利益率の向上に貢献するはずなのだが、そうなっているとは言い難い。なぜなら、スキルレスということはどこのどんな会社でも、機械さえ買えば業界に参入できるということだ。しかもスキルレスの機械がまた安価ときている。書籍需要をはじめ印刷需要は完全に頭打ちだ。供給過剰と市場縮小が同時に進行したら何が起こるかは、素人でもわかる。価格の暴落である。スキルレス化と価格の暴落とは今のところほぼイコールなのである。限られた数の職人で限られた仕事を割り振っている間は値段の下がりようもなかったが、無限の参入を可能としてしまったのではたまらない。最終の印刷価格は競争の結果、落ちるところまで落ちてしまった。

そこで、二つの行き方がある。一つは、どこまでもこのスキルレスの価格低下につき合った上で、徹底した合理化努力により利益を生み出すという方法だ。量の勝負といえる。この方法はあふれる企業家精神でさらなる投資を重ねる強気の経営となる。本書を読むような方々はこちらのタイプが多いのではないかな。これは経営の王道ではあるが資本力の勝負でもある。資金調達すらままならない中小印刷企業ではおいそれと踏み出せない。

もう一つはスキルをより高めて、他の会社が追随できない特殊分野に活路を見いだすという方法だ。今いる従業員や機材を十二分に活かして、あまり投資せずに他社と差別化をしていく。中小でこそやりやすい戦略でもある。我が社はもちろん、こちらの方法をとった。

しかしこのスキル向上策、終わることがない。どんなに高度なスキルを駆使しても、ただちにそれもスキルレス化していく。いい例が、難漢字である。漢字は電算写植時代、その機械の持つコード表の範囲しか出なかった。たいていＪＩＳ第二水準ぐらいまでしか扱えず、それ以上の旧字体などはかなりのスキルを持ったオペレータが工夫に工夫を重ねて出力していた。それが、外字コードやユニコードの普及であっという間にスキルレス。難漢字だけでは商売にならなくなった。それで、またスキルの向上を図って、漢字以外の文字を出すとか、数式組に特化するとかやってみるのだが、当初はいいとしても五年もするとそれらもスキルレス化してくる。これがスキルインフレである。冒険マンガで敵役インフレというのがあるが、それに似ている。主人公がとてつもなく強い敵役を倒すと、次週からもっと強い敵役が現れ、それを倒しても次々により強い敵役が現れ、最終的には現実離れした化け物となってしまうという現象を揶揄した言葉だ。

スキルインフレはスキルレス化してしまった分野での価格暴落が起こる前に、さらに難しいスキルを手に入れるということを繰り返す。しかし、マンガの敵役インフレと違ってこちらには終わりがある。そんな難しい仕事の需要などそうそうあるわけではないからだ。スキルインフレをすればするほど、市場が狭まるというジレンマに陥ってしまうのだ。

高度なスキルを獲得するというスキル、それ自体がどこかで活きると信じてやるしかない。

どこでもハイブリッド

ハイブリッド流行りである。ウィキペディアでハイブリッドと打てば山ほど項目が出てくる。もともとハイブリッドとは二つ（またはそれ以上）の異質のものを組み合わせたもののことだ。生物関係でいえば雑種である。今、一番に思いつくのはハイブリッド自動車だろう。エンジンと電気モーターを併せ持ち、時に応じて使い分ける環境に優しいクルマとして盛んに宣伝されている。

印刷にもハイブリッドという言葉が使われ出している。ハイブリッド印刷だ。では何と何を組み合わせたのか。いろいろ使われ方はあるようだが、オンデマンド印刷とオフセット印刷の組み合わせなのである。

オンデマンド印刷は品質が向上した結果すっかり定着した感もあるが、出始めの頃に言われたほどには伸びていない。いま一つ普及のパンチに欠けるところがある。オンデマンド最大の利点といわれる短納期小ロットというコンセプトだけではまだ足りないからだ。短納期小ロットというだけならオフセットでも無理をすれば可能だし、この「無理」こそ日本の印刷屋の得意技でもある。つまりは短納期小ロットだけでは売り物にならない。もう一つなにかが要る。デジカメは長く売れない商品だったが、背面液晶画面の搭載で大化けし、今やフィルムカメラを完全に駆逐してしまった。このデジカメの背面液晶画面にあたるオンデマンド印刷にとっての一工夫がなにかをみな考え続けてきた。おそらくはワントゥーワンマーケティングとかバリアブル印刷あたりにこの契機があると信じられてきたわけだけれど、長年言われているほどには進展がない。ここでハイブリッド印刷なのである。

印刷会社数社と共同して出版社向けのオンデマンド印刷セミナーを行った。オンデマンド印刷全般についての講演を行った後、各社で得意のオンデマンド印刷製品を紹介するというものだ。これがなんとハイブリッド印刷の紹介が重なってしまった。内容を調整しなかったこちらも悪いのだが、三社がハイブリッド印刷をテーマとしていたのだ。それだけ、ハイブリッド印刷はオンデマンド印刷を長く商売にしてきた会社にとっては手応えを感じる商品となっているというわけだ。セミナー参加者からのアンケートでもハイブリッド印刷への感心が高かった。

オフセットとオンデマンドのハイブリッドといっても、オフセット印刷で印刷した物にオンデマンド印刷で刷り込むというのではない（そういうものを言う場合もあるが）。デジタルデータを時に応じて、オフセットで刷ったりオンデマンドで刷ったりという印刷方法である。ハイブリッド印刷は出版社を主にターゲットとしている。初版はオフセットで大量に刷り、再版以後をオンデマンドで細かく増刷をくりかえす。もしくは最初はテストマーケティングや見本用に少量をオンデマンドで刷り、反応をみて大量印刷需要があればオフセット。少量しかないならオンデマンドと使い分ける。

なんだそんなことかと思うなかれ。コロンブスの卵。まずはこの技法、オフセットとオンデマンドの品質差がほとんどなくなったからこそ可能になった。初版と再版で品質差があったりしたら話にならないからだ。オンデマンドは、特にカラー印刷の領域ではオフセットとの品質差が大きかったが、この差が詰められたことが大きい。ハイブリッド印刷といっても、カラーだけオフセットではやはり利便性に欠ける。

結局は、ワンソースマルチユースの一種なのだ。デジタル化の進展によって、CD-ROM、インターネットと何にでも容易に姿を変えうるということが、ついに紙の上でも可能となったということだ。ハイブリッド印刷はある意味、オンデマンド印刷の立場を見切ったということかもしれない。オンデマンドはオフセットを代替するものではなく共存するもの。使い分けるもの。対立するものではない。ただそれだけのことなのだ。それだけのことに気がつくのに時間がかかりすぎたのかもしれない。

ワントゥーワンマーケティング

一人一人の属性や好みに合わせて宣伝などのマーケティング手法を変える。もっともきめ細かなマーケティングということになる。大量同内容宣伝とは全く逆の手法。

バリアブル印刷

一枚一枚、違う内容や画像の印刷物を作る。ワントゥーワンマーケティングを可能にする印刷技法。

ワンソースマルチユース

一つのコンテンツをさまざまな媒体で使うこと。映画なら、劇場公開、DVD発売、テレビ放映、動画配信と一つのコンテンツでいくつも利用できる。本でも、単行本、文庫本という使い回しはあったが、最近ではこれに、電子書籍配信が加わっていることになる。

ゲームの教養主義

生まれたときからインターネットのあった最初の世代、私の子供が高校生になった。学校から帰れば嬉々としてコンピュータの前に陣取り、チャットやブログや動画サイトにはまっている。彼らは小学生のときからネット上に当たり前のようにホームページを持っていた。そのころの子供のページは、ほほえましい日記やどこかユーモラスなCGが載っていたものだが、今や彼らのブログときた日には、とても同じ日本語とは思えない理解不能なゲーム用語やオタク用語のオンパレードである。

どうやら彼らのコンピュータ世界の中心はゲームである。すべてはゲームを基盤にして社会生活が成り立っているようだ。ただ、ゲームといっても、私たちの時代のゲームとはかなり違う。我々の時代のゲームとは孤独に画面と対峙するものであったけれど、今はネットゲームのように他人との対戦や協力がゲームの中心となっている。シューティングゲームでも、そのゲームをめぐってのブログやチャットがたくさんあり、その中でゲームの情報交換をする。同じゲームをやるもの同士で、ゲームを媒介とした人間関係ができあがっているのだ。当然、人間関係だから、ゲームを通じての友情や信頼があり、喧嘩や裏切りもある。私は、パソコンオタク第一世代として、それなりにこの手の文化にも理解は示してきたつもりだったけれど、ここまでくると、ちょっと理解の埒外に去りつつある。

それにしても、ゲームばかりやっていると本当に教養とか知識が衰退しないかとも心配になってくる。私たちの時代、外でも遊んだけれど、中高生はそれなりに本を読んだ。読書量を競ったり、新しい知識をひけらかし合うというスノッブだけれど教養文化が残っていた。ひどく「おじんくさい」感慨ではあるけれど、ゲームにばかりうち興じる息子を見て、我が家だけでなく、将来の日本が心配になってくる。

その息子が最近､妙に世界史に凝りだした。テレビのクイズ番組や旅番組を見て、けっこうもっともらしい感想を述べたりする。学校で習っているということはあるだろうけれど、それよりももっと詳しいレベルのことを知っている。しかもベニスの商人のアジア貿易投資効率なんていう変に経済学まじりのことを言い出したりする。これは世界史と経済学に関する教養がなければできない話だ。さては、なにか世界史とか経済史の本でも読んでいるのかなと父の喜びをもって問いかけたら、なんのことはないゲームから知識を得ているのだった。

ベニスの商人の立場になってアジア貿易をするゲームにはまっているのだ。他にも妙にフランス革命やロシア革命に詳しいなと思ったら、そういうことを体験する歴史シミュレーションゲームもあるのだという。シミュレーションゲームは往々にして歴史的事実とは違うことになりがちだから、とんでもない思い違いをしていたりはする。でもまあ悪いことじゃない。ゲームにもそれなりの効用があるわけだ。

そこで、はたと思い出した。私たちの世代だって、実は教養の源泉は字ばかり詰まった本ではなく、マンガだった。藤子不二雄Aの『劇画　毛沢東伝』は繰り返し読んだので、中国近現代史、特に共産党史にはめちゃくちゃ詳しかった。高校教師に「てっきり左翼系かと思っていた」と後で言われたくらいだ。また妹の『ベルサイユのバラ』も略奪していたから、フランス革命史にも詳しかった。

こういうマンガへの興味は、やがて、同じく「紙を綴じた」本へと向かって行ったわけだ。だから、サブカルチャーといえど、教養への入り口という意味では非常に重要なのだ。子供達も、ゲームを機会に本物の教養に親しんでくれればいい……と思いつつ、あれ、彼らのスタートがゲームとすれば、マンガみたいに同じ「紙を綴じた本」にたどりつかないではないか。

ゲームをスタートにインターネットで教養を深めるということになると、また本と印刷が疎外されてしまっているぞ。うーん。子供達の行く末、温かく見守りますか。

チャット

コンピュータの画面でネットワークを通じておしゃべりすること。もちろん、話し言葉をキーボードから打ち込むのである。

シューティングゲーム

テレビゲームの一種、インベーダーゲームをその嚆矢とする。向かって来る敵を相手に、弾を撃って撃ち落とすという形態をとる。現在では弾幕系という、画面全般に弾幕が現れ、それを片っ端から撃ったり避けたりするようなゲームが人気である。

電子式年遷宮のすすめ

実は、国立国会図書館の「日本における電子書籍の流通・利用・保存に関する調査研究」の委員を仰せつかっておりました。先日その報告会をすませたのだけれど、私が担当したのが「流通・利用・保存」のうち「保存」なのだ。印刷屋がなんでまたというところだけれど、「流通」とか「利用」はそれこそ実務関係者が山ほどいるが、「保存」はまだ誰も手がけていないし、これからの産業として印刷屋のメシのタネにもできるのではないかと思って引き受けた次第。

調べていくと、電子書籍の保存は紙以上に難物だということがわかった。まず、媒体（CD-ROMとかDVD-ROM）をもつパッケージ系電子書籍では物理媒体が長年の保存に耐え得ないという問題がある。プラスチック盤が二〇〜三〇年で劣化して読めなくなるというのだ。それ以前にこのドッグイヤーの電子業界のこと、劣化限界の三〇年がたつ以前にハードもソフトもまったく違ったものになってしまって、物はあっても読めなくなってしまう。実際、国立国会図書館で二〇〇三年度に実施されたパッケージ系電子出版物の利用可能性調査では、一九九〇年度以前に受け入れた電子資料のうち、二〇〇三年度当時でも利用可能なものは三％にすぎなかった、つまり九七％読めなかったというショッキングな結果が出ている。

最近増えているパピレスのようなインターネットサーバーから供給されるタイプのネットワー

ク系電子書籍はさらにやっかいな問題を抱えている。それはサーバーの消滅が全データの消滅を意味するという点だ。紙の書籍やパッケージ系電子書籍の場合、出版社が火事で焼けようが、台風で倒壊しようが、いったん発売され読者や図書館に渡ってしまった書籍はそのまま残る。これがネットワーク系の場合、大元のサーバーがなくなればすべてのデータが読めなくなる。物理的に滅失しなくても、出版社が倒産したり、倒産しないまでも、事業廃止の事態にでもなればただちにコンテンツは読めなくなる。電子書籍端末「シグマブック」や「リブリエ」に対するコンテンツ提供が中止されたことは、記憶に新しい。まだこれら電子書籍端末サイトの場合、対応する紙の本があったからそれほど問題にならなかったが、今後ケータイ小説のようにデジタルで生まれデジタルで消費される書籍が増えてくれれば大問題だ。

それにネットワーク系でもソフトやハードの進化への対応という問題もパッケージ系と同じく残る。インターネットもいつまでも今と同じインターネットであるとも限らないし、今は隆盛を誇るケータイ機器もこれから先どう変化するか誰にもわからない。

そこで、私が提唱したのが、電子式年遷宮である。電子式・年遷宮ではない。電子・式年遷宮である。神社が何年かに一度本殿をまったく新しく作り変える行事が式年遷宮だ。伊勢神宮などは二〇年に一度という式年遷宮を持統天皇の時代以来一二〇〇年間も忠実に受け継いでいる。これにならって、電子データもまずは図書館(国立国会図書館がいいだろう)に集めて保存し、媒体が劣化したりソフトが陳腐化する二〇年ごとぐらいに新たな媒体へ移し替え、同時に新しいソフトへの対応も行うというのが電子式年遷宮である。一〇〇〇年後にまで電子書籍を残すことを考えたとき、こうした制度は必須だ。

そんなややこしいことを考えなくても、プリントアウトして紙で保存すればすむことじゃないかと思ったあなた、確かに紙の本というのはそれ自体がレコーダーでありプレーヤーであるという、希有な特質を備えた優れた媒体だ。要は「本を読むのには本だけあればいい」ってことだ。紙は少々劣化はするが、ちゃんと保存すれば数百年たっても読める。ましてやOSの変化なんていうものもありえない。

だから「やっぱり印刷だよ」というオチにしたいところだが、マルチメディアコンテンツ(なつかしい!)をどうやって、紙に保存するかという問題に降参だな。

認められたオンデマンド印刷

とあるお役所、新年度から印刷の入札条件が変わった。前年度まで、「オフセット印刷」とだけ指定されていたものが「オフセット印刷およびオンデマンド印刷等それに準ずる印刷」と変わったのだ。これで、部数の少ないときなど、オフセットにこだわらなくても、オンデマンド印刷で刷ってもよいということになった。私たちの父の世代が「活版印刷」から「活版印刷およびオフセット印刷等それに準ずる印刷」という入札条件を勝ち得たとき以上の変化ではないだろうか。

実はこのオンデマンド印刷を許容した入札条件、よくよく考えれば、方式に関してはなにを指定したことにもならない。ご存知の通り、オンデマンド印刷という名称自体は版式の名前でも何でもない。オンデマンド印刷とは、「On demand(要求があり次第)」Printing だから、それは印刷のあり方であって、オフセットでも「要求があり次第」印刷できていればそれはオンデマンド印刷と言えないことはない。実際、日本の印刷現場ではオフセットを使った「おやじさん徹夜式オンデマンド印刷」などあたりまえである。

ただ、わざわざオンデマンド印刷と、新たな印刷方式であるかのようにいったのは、オンデマンド印刷機といわれる技術が既存のコピー機の原理そのものだからだ。代表的なオンデマンド印刷技術の固体トナーによるレーザーゼログラフィーはそのものずばりの商品名にもなっているではないか。だが、入札条件に「オフセット印刷もしくはコピー」と書いてもらうとしたら、もっと年月が必要だったことは想像に難くない。

元々、コピーと印刷ははるかに隔たった技術だったし、使われる場所もまったく違った。コピーは品質は悪いし、使われるのもせいぜい一〇〜二〇部の会議資料ぐらいだった。オフセット印刷はそれに対して銀塩写真と見まごうばかりの品質、一万でも一〇万でも刷ってしまえる大量生産性を誇った。当然、複写業と印刷業も違った業界を形成していた。つまり何から何まで違うものだった。

だからこそ、印刷領域の部数である一〇〇部、一千部という部数を刷る機械をコピー機とはいえなかったのだ。オンデマンド印刷機という名称を使ってでも、新しい印刷技法であることを印象づける必要があった。これで、はじめて印刷の領域といえる仕事をコピー機で行っても、クライアントを納得させることができた。正直、「コピー」では印刷と認めてもらえなかったのだ。十数年前、オンデマンド印刷が始まった頃は、クライアントの「よくよく話を聞けばコピーじゃないの。私は印刷をしてほしいと言っているのだ」という言葉に泣かされた営業マンは多かった。

確かに、初期の頃のオンデマンド印刷機の品質は、お世辞にもオフセット印刷機と同等といえるような代物ではなかった。やはりコピーはコピーだったのだ。ところが、オフセットが人間の目の識別力以上の精密な網点密度で刷っても無駄という意味で限界にきている間、オンデマンド印刷機の品質はどんどんオフセットに迫ってきた。今やモノクロで刷っている限り、オフセットと区別がつかない。お客さんはオフセットでもオンデマンドでもどちらで刷ってもまず問題にしないし、我々だって、ルーペで拡大しない限り、判別がつかない。カラーオンデマンドはまだオフセットと並べてみるとその違いがわかってしまうが、オンデマンド単体で見せられればまずわからない。それよりオンデマンド印刷の特徴である短納期、少部数の場合の低コスト性が強烈に存在を主張する。カラーオンデマンドは少部数カラーという新たな市場を切り拓きつつある。

そろそろ、オンデマンド印刷じゃなくて、固体トナー印刷と言ってあげればいいかもしれない。でもまあ、オンデマンド印刷は方式の名称でないのだから、インクジェットに変わっても、オンデマンド印刷であることに変わりない。入札条件を変えてもらう必要がないという点はいいのかもしれない。

Eラーニングは参考書に勝てるか

この年になってだけれど、今までなじみのないとある資格試験に挑戦せざるをえない羽目になった。まずは基本的な参考書を買ってみたが、読んでもなかなか頭に入らない。というか、すぐ飽きてしまう。王道は受験予備校通いらしいのだが、時間が不規則な経営者の身としては、学校なんか通ってはいられない。

で考えた末、ＩＴ経営者という自負もあってEラーニングにすることにした。コンピュータの画面で問題が出てそれを答えて正解すると先へ進むプログラム学習という方式だ。この手のシステムは結構、昔からあって、中学時代にもそれらしき機械があった覚えがある。もちろんそれからウン十年経ているので、コンピュータを使ったEラーニングはかなり進化しているはずだ。

Eラーニングは受講料も学校に通ったりするよりはるかに安い。「他のすべての参考書がいらない・合格保証」という謳い文句にものせられて契約。さっそく始めた。

第一印象。これはなかなかいい。まずコンピュータの画面にそれぞれの単元ごとに学習内容の説明が出る。次に、同じ文の重要字句だけ歯抜けになった画面が現れるので、その歯抜けのところにキーボードから字句を打ち込んで埋めていく。できないと覚えられなかったところだけが歯抜けになる。結局一言一句覚えるまでは次の単元へ進めない。何遍も同じ画面を見せられるのは結構イライラするので、必死に覚えようとする効果もある。それだけのことだが、一時間や二時間は集中して勉強することになる。

正直なところ、参考書を読むだけだったら、ここまで一言一句正確に覚えようとはしないだろう。覚えたつもりになっては、先へ先へと読み進め、結局何も覚えていない。その点Eラーニングはいい。ゲーム感覚で一面ずつクリアしながら先へ進む。画面には全体の進捗状況を表示するグラフもあったりして、結構達成感もある。大学受験を控えてゲーム三昧の息子にもこれでやらせればと思っていたが、なんのなんの意外に早く欠点が露わになってきた。

結局、このやり方では丸暗記しかできないので、応用問題がまったく解けないのだ。しかも、肝心の丸暗記も、一ヶ月もたつと覚えたはずの単元を片っ端から忘れている。無理矢理短期記憶に詰め込んでも、五〇歳を過ぎた脳ではどんどんもれだしていくのだ。これで「合格保証」というのはなんという自信に満ちた惹句かと思っていたら、実際には「模擬テストで○○点以上とったら」と小さく書いてある。これでは保証したことにはならないではないか。同じ問題を何度も復習できる機能もあるが、一度やった丸暗記をもう一度画面でやるのは普通の丸暗記より苦痛。しかもいくら丸暗記しても応用問題は解けるようにならない。

ここにいたって、紙の参考書と問題集を併用することを決意する。参考書を使い出すと、もう一つEラーニングの欠点がわかった。Eラーニングでは全体が見通せないのだ。個々のバラバラの知識は覚えているが、それが全体の中でどういう位置づけなのかがわかっていない。さらに致命的なことに記述論述問題にはまったくお手上げ。Eラーニングで記述論述問題をやるのは現在のコンピュータ技術ではまったく不可能だろう。

いつの間にやらEラーニングは見限って、参考書と問題集という紙の世界に戻ることとなってしまった。もちろん、丸暗記だけですむような試験ならば、Eラーニングも可能かなと思う。しかしそんな資格では価値もない。

コンピュータによる知識の断片化、学問の体系化の喪失という何度もいわれている事態を思い知らされただけでしたね。やっぱり、「紙の世界は深い」ということで印刷屋のみなさま、まだまだがんばりましょう。はぁ、やっとオチがついた。

プログラム学習

Programmed learning　小刻みに分割された学習内容を系列化し、学習者が一段一段回答を積み重ねながら、学習の目標に確実に到達できるようした学習方法。学習塾の公文式が有名。

図書館関係者の憂鬱

最近、図書館関係者とお会いすることが多い。国立国会図書館の電子書籍調査委員だったということもあるけれど、元々、私のデビュー作『活字が消えた日』の頃から、関心は持っていていただいたようだ。図書館職員であればこそ「本の行く末」というテーマには無関心ではいられないのだろう。それにしても図書館関係者、いわゆる司書と呼ばれる人はまじめだ。なにより、私の著作も含め、本をよく読んでいる。図書館に一生を捧げようというような人だから、とにかく本が好きなのだ。

その彼らが悩んでいる。インターネットの登場で図書館の存在意義が根本から問われているからだ。図書館には、保存と利用の二つの側面があるのだが、こと保存に関していえば、そんなに何十冊もあちこちの図書館にある必要はない。国立国会図書館のような中核施設があり、そこに集中させればいい。絶対に必要だが数はいらない。

もう一つ、利用に関しては、いわゆる「資料検索所」の役割が揺らいでいる。なにか本を書いたり、論文を書いたりするのに資料検索は不可欠である。自分の考えを補強し、を裏づけるためには、今までどんな本が出され、どんな統計があり、どんな調査がなされてきたかを調べ尽くす必要がある。そのときはどんな蔵書家であっても自分の手持ち資料だけから探すのは不可能で、やはり図書館の手を借りざるをえなかった。そうした検索の手助けをしてくれるのが図書館司書だった。有能な司書は人文科学の発展にとっては不可欠の存在だ。図書館司書は単に本を借りるときの手続きをしてくれるだけの人ではないのだ。

しかしインターネットの登場で、その役割のかなりの部分が失われた。現に今、私は「司書」という言葉をネットで調べて私の認識に間違いがないか調べたが、ネットがない頃なら、百科事典で確認せざるをえなかっただろう。それ以外にも、あらゆることがネットでわかる。いわゆる政府の報告書のたぐいも以前は非常に手に入れにくかったが、今はいともたやすくネットで読める。

もちろん、本当の専門職としての図書館司書の役割はネットの時代にこそありそうだが、大部分の司書は役割が減る。現に司書の重要な役割であった図書館間相互貸借（自館にない資料を他館から取り寄せる）は劇的に減少しているそうだ。紙資料の時代は目当ての資料が自館になければ、所持している館から借りてこざるをえなかったのだが、インターネットの時代になってみれば、利用者はネットで直接読んでしまう。

さらに言い方は悪いが、地方図書館の大きな役割である無料「貸本屋」的側面も、電子書籍となればほとんどコンピュータのみの仕事になる。

これからの図書館の役割として、地域の文化センター、情報拠点としてのあり方が考えられている。大学図書館などでは情報発信としてホームページを作ったり、電子学術雑誌の作成にまで

手をそめてさえいる。でも、図書館関係者の顔は晴れない。そう、彼らは本が好きだからだ。ある図書館関係者曰く、

「私、本が好きで図書館に入ったのですが、入館してから一〇年、ほとんどコンピュータだけさわってました。職業としてはいいんですが、本に関われないのは寂しい」

しかし、よくよく考えてみると、図書館関係者はまだ転身できる可能性があるだけ幸福だともいえる。本という物体ではなく、その中の情報が好きだというように考えを切り替えればいいだけのことだ。現に、コンピュータ化した電子時代の図書館勤務を楽しんでいる若手の司書も大勢誕生している。彼らは新時代の図書館というものを新たに形づくっていくだろう。

本当におそろしい事態に直面しているのは、紙に刷ることしかできない印刷会社の方なのかもしれない。

これは何をする機械？

パソコン雑誌を何気なく眺めていたときのこと。

「うん？　これは何をするもので、なんのためにいる機械なんだ？」

ちょっとした製品比較記事だった。比較記事だから、その機械が何をするものかは誰もが知っている前提で、機械そのものの解説なんかない。ところが、これが何の機械かわからない。

一応、その名も『印刷雑誌』に、こんなコラムを書いているこの私。パソコン草創の頃から、かれこれ三〇年、なんらかのパソコン雑誌は買い続けてきた。もちろん職業としてハードやソフトに取り組んだわけではなかったから、専門家ではなく一般向けといっていい雑誌ばかりだ。ところが、今回ばかりはこうした一般向けの雑誌に載っている記事の意味がわからないのだ。これはショックだった。

再読して、動画関係の機械らしいということはわかった。しかしいまだ、動画をどうするために、この機械が必要なのかがわからない。

やっぱりなと思いあたる節があった。動画となるとおそらく印刷屋の頭がついていけないのだ。流行っているとはいえ、印刷会社と動画はやはり相性が悪いとしかいいようがない。写真までは確かに印刷会社の領分といえる。写真撮影まで行う印刷会社はいくらでもあるし、画像デジタル技術をもってＣＴＰやオンデマンドに取り組む会社は多い。これが、動画というとあまり取り組んだという話は聞かない。動画と印刷はあまりに遠いからだ。広告代理店的にワンストップサービスとして、ビデオ撮影を請け負うような会社もあるにはあるが、印刷業の主流にはなりえていない。印刷会社というのはやはり動かないものを大量に複製するのが、根本のビジネスモデルだからだ。

「そうだ、だから動画は印刷屋には理解できない。なるほどなるほど」

だが、高校生になった息子が動画編集ソフトをやすやす使いこなして文化祭用のビデオクリップを作っているのを見て慄然とした。これはどうやら、印刷屋が動画を扱えないとかそういうレベルの話ではない。息子は、生まれたときからパソコンやインターネットがあるのがあたりまえという初めての世代。そうした世代は新しい機械をやすやすと使いこなす。件の雑誌記事も、息子には「どこがわからないのかわからない」とまで言われてしまった。解説もしてくれたが、やはりよくわからない。

こうなると事実を認めないわけにはいかない。つまり、今回の件は印刷屋が動画に向かないという一般論ではなく、単に、私が年をとって最新技術についていけなくなったという世代論だったにすぎないのだ。

考えてみれば、最近はコンピュータのセットアップだって、あまり自分ではやらなくなってい

『印刷屋の若旦那コンピュータ奮闘記』より

る。若い社員に「セッティングよろしく頼む」と言ってるだけだ。プログラムも自分では作らなくなってきているし、クライアントとソフトの打ち合わせをすることも減った。偉くなったからではない。新しいことへの興味より、覚えることへの困難さが先に立つようになったからだ。これでは鈍る。そしていざ、新しい時代の動画への対応というとこれができなくなっているというわけだ。

ふと、ここにいたって反省する。若い頃から、パソコンを使えない業界のご老人達をずいぶん揶揄してきたような気がする。今になって、方々のお気持ちがわかる。活版に取り組まれ、平版に取り組まれ、それに人生を懸けられた方々に、老齢になってパソコンをわかれと言ってもそれは無理な話。この年になって初めて当時の印刷業界の先輩方の屈辱と痛みがわかる。

しかも、まずいことに、文章というやつは書いたら残ってしまう。十数年前の私の文章を読んでみると、その生意気なこと生意気なこと。業界の諸先輩方、いろいろと失礼なことを申していたことと思いますけれど、この場を借りてお詫び申し上げます。

本はネットブックに勝てるのか

　ネットブックというやつを手に入れた。ノートパソコンよりさらに小型・軽量で気軽にどこにでも持って行けるというパソコンだ。一〇万円そこそこでここまでのものが手に入る時代になったかという感慨ひとしお。私の買ったのはＳＯＮＹ　ＶＡＩＯＸだが、まず小さい。横は二七九ミリ、縦は一八六ミリ。Ｂ５より大きいがＡ４以下。もっともこの程度の大きさの機械は今までもあった。驚くべきは薄いことだ。実測値で一・四センチ、余計なでっぱりもなく、まさにノート。試しに本箱に立ててみたら、違和感なく収まっている。用がないときは本箱にしまってしまえばいいというパソコンなのだ。そして軽い。バッテリーを入れても七五〇グラム。本にしてはちょっと重いが、上製だったらそれくらいの重さの本はいくらでもある。従って、カバンの中でも違和感なく本やノートと紛れて収まっている。以前の「ノート」パソコンだったら、どうしてもその厚みや重さから、めったやたらにカバンの中で存在を主張したものだが、今回は本と一緒におとなしくしてくれている。それでいて取り出せば、以前にも増してパソコンとしての性能は高い。

　ネットブックとノートパソコンの違いについては定義の問題という人もいるだろうが、やはりネットブックは革命的な進化だ。あるいはノートパソコンが本当の意味でノートになったともいえる。

革命を起こした画期的な技術の一つはＳＳＤだろう。ハードディスクのような機械的部品に頼るのでなく、外部記憶をすべて半導体にしてしまったのだ。ハードディスクというのは小さくなったとはいえ、ディスクを回転させるためにモーターが必要で、重くて電気の消費量も大きい。これがなくなってしまうことで、軽く薄いパソコンが可能になったわけだ。もう一つは地道な話だが、バッテリーの進化だろう。薄くて小さくても充分な電力を長時間供給できるようになった。公称一〇時間。実際にも五時間は確実にもつ。

それに充実しつつある無線ネットワーク環境もネットブックの存在価値を高めている。今、ちょっと人の集まる駅や空港なら公衆無線ＬＡＮが使える。新幹線の中でさえ、無線ＬＡＮの電波を捉えることができ、ほとんどストレスなく無線ＬＡＮが使える時代なのだ。そして、たとえ無線ＬＡＮが来ていなくても、データ通信用の小さなＵＳＢカードがあれば、よほどの山間部でもない限り、日本中どこでも高速でネットにつながる。これであればこそ情報はハードディスクになんでもかんでも保持しておかなくても、ネットを通じて必要なとき手に入れればいいという発想、「ネットブック」になる。

予想していた未来がついに来てしまった。

「今の間は本は圧倒的に有利ですけど、パソコンが薄くて軽くて、どこからでもネットにつながるようになったら本の立場は苦しいんじゃないですかね」

でもこう言って歩いていた頃、実は本当にそんな時代が来るとは思っていなかった。ハードディスクは小さくなっても記憶装置としては永遠に残る。従ってパソコンはいつまでも重く大きい。通信回線は遅くて、混んでいて、まだまだ使い物にならない、だろうと。

それがどうだろうか、ハードディスクなんかなくてもパソコンは使える。通信回線は無線でも動画が見られるレベルだ。そういえば、このネットブック、CD-ROMドライブがついていない。ソフトやコンテンツはネットで調達するのが前提なのだ。

鉄道の時刻表はもう一〇年も買っていない。出張のとき必携だったポケット都市地図もいつの間にか買い換えなくなった。最新の情報がいくらでもネットから見られるからだ。そして、カタログや情報誌を見るまでもなく、欲しい物はどんなものでもネットを探せばいつでもどこでも、手に入る。

やってきた未来は、個人として望んだ未来だけれど、印刷会社としては望まなかった未来。明日から、また残り少なくなった印刷の仕事を探して多くの会社と競合する。

SSD

ハードディスクの代わりに使用可能な大容量のフラッシュメモリーを利用した外部記憶装置。特に、パソコンに内蔵するタイプを指す。消費電力が少なく軽量であり、振動にも強い。まだ少し高価だが、今後の爆発的普及が期待されている。

本が好きですか

企業を経営したり企業に勤めたりする人は、通常、その扱っている商品を好きなものだ。自動車会社に勤める人は自動車が好きでたまらないから、数ある会社の中から自動車会社を選ぶ。昔、中学を卒業して印刷会社に就職する子供は、鉄工所に勤めようか、寿司職人になろうか、大工になろうかといくつもの選択肢の中から印刷会社を選んだ。それは本が好きだったからだ。「本が好き」。これは印刷に携わる者には共通の思いだろう。

私も、もちろん本が好きだ。私の家には図書室とはいわないが、本箱を並べた本を収めるためだけの部屋がある。この部屋で背表紙を見せて並んでいる本を眺めるのが好きだ。時には手に取ることもあるが、内容は二の次。とにかく本に囲まれているのが好きだ。

実は本好きにも二種類ある。本の内容が好きな人と、本の形態そのものが好きな人だ。おおむね、愛書家といわれる人はこの二つを併せ持っているわけだが、印刷会社に勤めていると、内容より本の形態そのものにこだわってくる。紙の質、造本体裁、そして組版。内容より本という形態に惚れこんでいくわけだ。出版社の人も内容にもこだわるが、本という形態そのものが好きという人が多い。我々は良い本を作りたい。それは本そのものが好きだからというのは多分にある。

しかしインターネットの時代、本は本の形態をしていない。電子本は画面の中に本の内容を映し出すが、本の形はない。組体裁だってブラウザの調整一つで大きい字に出したり色を変えたり自分好みに変えられる。ＰＤＦはかろうじて組体裁までは保持できるが、逆にいうとそこまででしかない。ここにきて出版社や印刷会社に勤めている人間は自己矛盾に陥ってしまう。本の形態が好きで本を作る印刷会社に勤めたのに本が本ではなくなってしまうのだ。内容はいつの間にか「コンテンツ」と名前を変えて（英語に変わっただけともいえるが）、本とは別の商売となっている。

経営学の教科書に必ず載っている有名な話がある。アメリカの鉄道会社の凋落である。アメリカの鉄道会社が凋落したのは飛行機や自動車の発達が原因ではないという。鉄道会社は元々交通の主役であり、鉄道に限らずあらゆる移動に関するノウハウを持っていた。そして所有資産も街の一等地にある駅など優良な物ばかりだった。つまり、鉄道「会社」を発展させるつもりならあらゆる可能性があったのだ。しかし、鉄道会社の経営者も社員も「会社」よりもまず鉄道と機関車が好きだった。そして鉄道と機関車を存続させることに資源と情熱を浪費した。鉄道「会社」ではなく「鉄道」会社であろうとしたのだ。会社を存続させるためには環境に応じて業態は変わらなければならない。売っているものが好きであっても、それが社会から必要とされなければ、新たな方向を考えていくのが経営だという教訓なのだ。

印刷会社の経営者は「本」の形態が好きであっても、会社を存続させるということからすると、それにこだわってはいけないということになる。印刷会社からコンテンツビジネスへの変化という時代を考えれば業態は変えるべきなのだ。

そうとも、それは正しい。正しいのだが、私は蒸気機関車と殉じたアメリカの鉄道会社が愛おしい。本とともに会社を沈没などさせてはいけないことはわかっているし、未来の電子本の可能性をつゆも疑ったことがない。それでも私は本が好きなのだ。この感情だけはどうしようもない。

「活字が消えた日」以来、迷い続けている原因は結局この葛藤なのかもしれない。

あとがき

「結局あんたは電子書籍に抵抗するのか推進するのかどっちだ」と言われそうな内容になってしまったが、理由ははっきりしている。経営者としての中西秀彦は電子書籍を推進し、個人としての中西秀彦は電子書籍に抵抗したがっている。さらに経営者としても、ビジネスチャンスとしての電子書籍を目の前にすると、なんとかこれを事業に育てられないか首を突っこみたくなるし、印刷会社としての存続を考えると、少しでも電子書籍の普及を遅らせ印刷の仕事を維持したくなる。態度を明確になんかしようがない。

紙の本は確かに魅力的だ。物体としての本が持つ絶対的な魅力。表紙や扉、そして紙とインキの匂い。大きい本は重く手応えがあって、物質としての魅力がダイレクトにコンテンツの魅力につながっている。しかし、それらは感傷である。コンテンツとはなんの関係もない。現に、私も本の百科事典を調べることはなくなった。全部ネットですませてしまえる。百科事典の重さや質感。そして、ずらりと並んだ背表紙は魅力的だが、コンテンツの豊富さや検索の容易さはもうそうした感傷を吹き飛ばしてしまった。

電子書籍の進化はとまらない。近いうちに電子ペーパーは軽く薄く、色がつき、折り曲げられるようになるだろう。やがてすべての書籍は入手の容易さ、読みやすさという観点から、電子書籍へと移行していくことは間違いがないように思う。そしてグーテンベルグの印刷術が羊皮紙手書きの大きな書物の複製から始まり、大衆的な小さな書籍を生み出したように、電子書籍も電子書籍に特化した表現形式や電子書籍特有の文学も生み出すだろう。

経営者としてこれに抗ってもしようがないのはわかっている。すべての産業はそういう道をたどってきた。必要とされる産業が勃興するかたわら、必要とされなくなった産業が淘汰されていく。経営とは事業への参入と撤退をくりかえす、その行為そのものだという考え方もある。一つの技能に固執し、それを極めようとするのは職人の態度であって、経営者の態度ではない。経営者は事業の栄枯盛衰を見定めながら、慎重に参入と撤退の時期を伺う。

ただ、日本では「がんこな職人」や「こだわりの製品」が好まれるのもまた事実だ。私も肌で感じるのだが、「電子書籍を推進して紙の本の魅力など感傷にすぎないと一刀両断する」中西秀彦より「電子書籍の抵抗勢力として本を徹底的に慈しみ擁護する」中西秀彦の方の受けがいい。もちろん、大衆の感傷的な好みというのは移ろいやすいので、慎重に需要を見極める必要はあるが、紙の本はしぶとく生き残る可能性もある。したたかなマーケティングが前提となるにせよ、電子書籍と紙の本との特質を活かしたコラボレーション時代が長く続くかもしれない。五年後が楽しみだ。

本書は二〇〇六年から二〇一〇年現在にかけてのコラムを中心として編集した。この時期は日本の経済がもっとも悪い頃で、当時の閉塞感がストレートに文章に出てしまっているところもあるが、それもこの時代の記録と思ってお許しいただきたい。ただ、なんとしてでも生き残ってやろうという意志は通したつもりだ。

コラム執筆時から『印刷雑誌』担当編集の武川久野さん、末包愛さん、そして社長の中村幹さんにはいろいろ有益なご指摘をいただいた。書籍編集課の高尾悠太さんには、本書作成にあたり、大幅な改稿に辛抱強くつき合っていただいたこと感謝いたします。

そして我が家の二人の子供、明日輝と公輝はついに高校生と中学生になって、内容に直接関わってくるようになったのは父として本当にうれしい。特にゲーム関係の記述は長男明日輝の報告が役に立った。妻、成子には、家庭をよく守り、良き妻、良き母として私を支えてくれたことを感謝したい。

最後にこの本を買っていただいたすべての方に、京都より愛をこめて、

「まいどおおきに」

中西秀彦

用語索引

ゴシックのページは本文・タイトル内の用語

英字

ア行

カ行

サ行

初出

「ダウンロードは文学を変える」　二〇一〇年一月　日本ペンクラブ　追手門学院大学共催セミナー　「デジタル環境下における文学と図書館」資料

「電子書籍の時代に出版社は必要か」「印刷業界の電子書籍」「既存業界の抵抗勢力化」Ebook2.0 http://www.ebook2forum.com/　での鎌田博樹氏との対論から改稿

『印刷雑誌』（印刷学会出版部）二〇〇六年八月号から二〇〇六年一二月号掲載「京都の若旦那コンピュータ奮闘記」、同二〇〇七年一月号から二〇一〇年八月号「京都の元・若旦那ＩＴ奮闘記」

「キンドル見参」印刷雑誌二〇一〇年七月

「電子書籍への抵抗勢力たらん」印刷雑誌二〇一〇年四月

「電子書籍への抵抗勢力たらん、そして」印刷雑誌二〇一〇年六月

「二つの展示会」印刷雑誌二〇〇九年一〇月

「寓話、大波・小波」印刷雑誌二〇〇七年一〇月

「無線ＬＡＮの時代」印刷雑誌　二〇〇六年一一月

「ちょっと見ぬまのユニコード」印刷雑誌二〇〇七年三月

「ウィキペディア萌え」印刷雑誌二〇〇七年四月

「ウィンドウズＶＩＳＴＡに想う」印刷雑誌二〇〇七年七月

「ソフトウェアの虎」印刷雑誌 二〇〇七年八月
「パソコンはどこへ行く」印刷雑誌 二〇〇八年一月
「やっとVISTA」印刷雑誌 二〇〇八年九月
「XPを捜せ」印刷雑誌 二〇〇八年三月
「東京事務所のVPN」印刷雑誌 二〇〇八年四月
「やっぱりBASIC」印刷雑誌 二〇〇九年一月
「ツイッターにはまる」印刷雑誌 二〇一〇年五月
「改名しました」印刷雑誌 二〇〇七年一月
「活版を知らない子供達」印刷雑誌 二〇〇七年九月
「ペーパーレスの自己矛盾」印刷雑誌 二〇〇六年八月
「色の道は険しい」印刷雑誌 二〇〇六年九月
「ネット印刷業の誕生」印刷雑誌 二〇〇六年一〇月
「改札口から印刷の未来を考える」印刷雑誌 二〇〇七年六月
「印刷通販に未来は」印刷雑誌 二〇〇七年一一月
「印刷インターネット通販の現在」印刷雑誌 二〇〇八年五月
「動かないのが印刷」印刷雑誌 二〇〇八年六月

「印刷インターネット通販をはじめました」印刷雑誌 二〇〇八年七月
「インターネット広告に挑戦」印刷雑誌 二〇〇八年一〇月
「売るのは印刷ではない」印刷雑誌 二〇〇八年一一月
「印刷と動画のコラボへ」印刷雑誌 二〇〇八年一二月
「印刷会社の工場長」印刷雑誌 二〇〇九年三月
「全印工連二〇一〇計画」印刷雑誌 二〇〇九年四月
「インクジェットがやってくる」印刷雑誌 二〇〇九年一二月
「印刷ネット通販の道は険しい」印刷雑誌 二〇一〇年二月
「ブランド印刷業への道」印刷雑誌 二〇一〇年八月
「印刷はどこへ行くのか」印刷雑誌 二〇〇九年七月
「この雑誌は有料です」印刷雑誌 二〇〇八年八月
「スキルインフレ」印刷雑誌 二〇〇七年五月
「どこでもハイブリッド」印刷雑誌 二〇〇七年一二月
「ゲームの教養主義」印刷雑誌 二〇〇九年二月
「電子式年遷宮のすすめ」印刷雑誌 二〇〇九年五月
「認められたオンデマンド印刷」印刷雑誌 二〇〇九年六月

「Eラーニングは参考書に勝てるか」印刷雑誌 二〇一〇年一月
「図書館関係者の憂鬱」印刷雑誌 二〇〇九年九月
「これは何をする機械？」印刷雑誌 二〇〇九年一一月
「本はネットブックに勝てるのか」印刷雑誌 二〇一〇年三月
「本が好きですか」印刷雑誌 二〇〇六年一二月

中西 秀彦

1956年生。1980年京都大学文学部心理学科卒業、株式会社社会行動研究所勤務後、1985年中西印刷株式会社入社、1993年、同社専務取締役。1999年-2000年立命館大学非常勤講師（情報文化論・情報化社会論）、2002年-大谷大学非常勤講師（情報社会論）、2005年-日本ペンクラブ電子メディア委員、2009年-同言論表現委員。

著書『活字が消えた日』　晶文社　1994年
『印刷はどこへ行くのか』　晶文社　1997年
『印刷屋の若旦那コンピュータ奮闘記』　印刷学会出版部　1998年
『印刷屋の若旦那コンピュータ奮闘記　Part2』　印刷学会出版部　2002年
『本は変わる！—印刷情報文化論—』　東京創元社　2003年
『活字のない印刷屋』　印刷学会出版部　2006年

我、電子書籍の抵抗勢力たらんと欲す

二〇一〇年七月二〇日　初版第一刷発行
二〇一〇年八月五日　初版第二刷発行
定価　本体一六〇〇円＋税
著者　中西秀彦
発行者　中村　幹
発行所　株式会社印刷学会出版部
〒一〇四-〇〇三二
東京都中央区八丁堀四-二-一
電話〇三-三五五五-七九一一
FAX〇三-三五五五-七九一三
info@japanprinter.co.jp
http://www.japanprinter.co.jp
組版・印刷・製本　中西印刷株式会社
本書をお読みになった感想や、ご意見ご要望を
eメールなどでお知らせ下さい。

ISBN978-4-87085-200-6